Mosaik

Gesunde Küche

KEIME

& SPROSSEN

Die besten Rezepte & Einkaufstips
von Roswitha Stempfhuber

Mosaik Verlag

Fotos: Michael Brauner

Foodstyling: Karin Messerli

Konzeption und Layout: Noëlle Thieux

Einbandgestaltung: Mascha Blömer

Der Mosaik Verlag ist ein Unternehmen
der Verlagsgruppe Bertelsmann

Satz: Filmsatz Schröter GmbH, München
Reproduktion: ArtiLitho, Trento
Druck und Bindung:
Mohndruck Graphische Betriebe GmbH, Gütersloh
Printed in Germany · ISBN 3-570-00964-5

INHALT

WARENKUNDE

REZEPTTEIL

WARENKUNDE

Keimlinge und Sprossen sind keine Erfindung unserer Zeit. Schon die Chinesen kannten vor mehr als 3000 Jahren diese Spezialität zur Nahrungsanreicherung. Und unser Bier wird z. B. seit jeher aus gekeimter, gemälzter Gerste gebraut. Heute, wo sich – zumindest in den Wohlstandsländern – kaum jemand mehr Sorgen um sein tägliches Brot zu machen braucht, wohl aber über dessen Qualität, sind Sprossen das ideale Lebensmittel. Sie sind nämlich garantiert rückstandsfrei, reich an wertvollen Nährstoffen, und auch im Winter immer frisch und dabei sehr preiswert. Sprossen selbst zu ziehen, ist ganz einfach. Sie werden staunen, wie vielfältig sie Ihre Küche bereichern. Scheuen Sie sich deshalb nicht, kulinarisches Neuland zu betreten, es lohnt sich!

Übrigens: Die Begriffe Keime, Keimlinge und Sprossen werden in diesem Buch im gleichen Sinne verwendet. Das hat sich so eingebürgert, obwohl diese kleinen Pflänzchen wissenschaftlich betrachtet alle Keimlinge sind.

SO GESUND SIND SPROSSEN

Im Samenkorn ruhen alle Nährstoffe, die ein junges Pflänzchen zu seiner Entwicklung braucht. Kommt der Same mit Wasser in Berührung und sind darüber hinaus Temperatur und Lichtverhältnisse ideal, erwacht im Samenkorn reges Leben. Es quillt auf, Enzyme werden aktiviert. Reservestoffe werden auf-, ab- und umgebaut. Diese Veränderungen machen Keimlinge für unsere Ernährung noch wertvoller als ihre Samen:

- Der Vitamingehalt erhöht sich um ein Vielfaches (besonders Vitamin C und die B-Vitamine).
- Mineralstoffe werden in eine Form überführt, die unser Körper besonders gut aufnehmen kann.
- Stärke, in rohem Zustand unverdaulich, wird in leicht verdauliche Bruchstücke gespalten. Deshalb kann man fast alle Keimlinge roh essen.
- Der Eiweißgehalt steigt und die Proteinqualität verbessert sich.
- Der Gehalt an verdauungsfördernden Ballaststoffen nimmt zu.
- Die meisten schädlichen Stoffe, wie sie z. T. in rohen Hülsenfrüchten vorkommen, werden bei der Keimung abgebaut.

Sie sehen schon, Keimlinge können sich, auch im Vergleich zu anderen Gemüsen, durchaus sehen lassen. Verluste durch Transport und Lagerung entfallen, schließlich wachsen die Sprossen zu Hause und gerade dann, wenn Sie sie brauchen. So frisch und preiswert bekommt man, besonders im Winter, kein anderes Gemüse. Wissenschaftliche Untersuchungen ergeben zum Teil ähnlich niedrige Nitratwerte wie bei Treibhausgemüse. Die Werte hängen wesentlich von Lichtintensität und Wachstumsdauer ab. Deshalb das Keimgerät ans Licht stellen, sobald sich der Keimling zeigt und nicht zu früh ernten.

Leider lieben Keimlinge und Mikroorganismen dieselben klimatischen Bedingungen, nämlich Wärme und Feuchtigkeit. Darum ist Hygiene bei der Sprossenzucht Pflicht! Keimgeräte immer gründlich reinigen, am besten mit Essigwasser. Und das wichtigste: Während des Keimens sorgfältig und regelmäßig spülen.

WAS MAN ZUR SPROSSENZUCHT BRAUCHT

Gar nicht viel: neben Wasser, Wärme und Luft nur keimfähigen Samen und ein geeignetes Gefäß.

Als Gefäß reicht für den Anfang ein *Einmachglas*, dazu ein Stück Verbandsmull oder feinmaschiges Fliegengitter. Fortgeschrittene finden im Fachhandel eine große Auswahl an Keimgeräten, von denen die gebräuchlichsten hier kurz vorgestellt werden:

Die *Keimbox*, ein Plexiglasrohr mit Schraub-Sieb-Deckel stellt eine Verbesserung der Einmachglas-Methode dar. Dazu gehört die sogenannte

Keimstation, die gleichzeitig als Abtropfständer sowie als Behälter zum Einweichen dient. Im Vergleich zu den Keimschalen-Apparaten ist hierbei gründlicheres Spülen möglich. Andere *Keimapparate* (z. B. Biosnacky) bestehen aus mehreren übereinander gestapelten Keimschalen. In die obere Schale wird Wasser gegossen, die anderen werden nacheinander automatisch bewässert. Einweichzeiten entfallen. Für größere Samen mit hohem Wasserbedarf ist diese Methode weniger geeignet.

Ein bißchen schwieriger ist der Einkauf keimfähiger Samen. Grundsätzlich eignen sich alle Samen eßbarer Pflanzen, sofern sie nicht chemisch vorbehandelt, beschädigt oder zu alt sind. Samen, die speziell für die Sprossenzucht angeboten werden, sind leider relativ teuer und stammen nur teilweise aus biologischem Anbau. Besonders bei Getreide und Hülsenfrüchten empfiehlt es sich, »normale« Ware (am besten aus biologischem Anbau) in größeren Mengen zu kaufen. Verwenden Sie auf gar keinen Fall Samen, die zur Aussaat im Garten bestimmt sind. Sie sind fast ausnahmslos chemisch vorbehandelt.

SO WERDEN KEIMLINGE GEZOGEN

Zuerst die Samen verlesen, d. h. Fremdkörper und verschmutzte oder verletzte Samen aussondern. Wichtig: Nie zu viele Samen auf einmal zum Keimen bringen. Sie vervielfachen dabei ihr Volumen!

Nun die Samen mit reichlich Wasser bedecken und quellen lassen. Getreide und Hülsenfrüchte läßt man am besten über Nacht stehen, bei kleineren Samen genügen wenige Stunden.

Dann das Einweichwasser abgießen. Die Samen in einem Sieb unter fließendem Wasser gründlich spülen und gut abtropfen lassen. Zurück ins Glas schütten und mit Mull oder Fliegengitter verschließen.

Das Glas schräg, mit der Öffnung nach unten, in einen Teller stellen, damit überschüssiges Wasser ablaufen kann. An einen warmen Platz, aber nie auf die Heizung oder in die pralle Sonne stellen.

Je nach Sorte 1–3mal täglich, wie oben beschrieben, spülen. Dabei die Keimlinge hin und wieder vorsichtig auflokkern. Nach wenigen Tagen sind die Samen zu eßbaren Keimlingen herangewachsen.

Zur Ernte die Keimlinge in eine große Schüssel mit Wasser geben und nicht gekeimte Samen und Samenhülsen (sie schwimmen oben) entfernen. Dann mit warmem Wasser gründlich durchspülen und anschließend gut abtropfen lassen.

GETREIDESPROSSEN

Getreide ist unsere wichtigste pflanzliche Quelle für Vitamin B_1. Darüber hinaus enthält es reichlich andere B-Vitamine, Vitamin E und viele Mineralstoffe. Leider geht der größte Teil dieser Vitalstoffe verloren, sobald Getreide zu weißem Auszugsmehl verarbeitet wird. Wenn wir dagegen Getreide als Sprossen genießen, gibt es keinerlei Verluste, im Gegenteil: Der Vitamingehalt steigt während der Keimung um ein Vielfaches. Die schwer verdauliche Stärke wird zu bekömmlichen Kohlenhydraten abgebaut, so daß man alle Getreidekeimlinge roh essen kann. Ihr leicht süßlicher, teilweise nußartiger Geschmack paßt besonders gut zu Obst, Süßspeisen und zu Müsli. Getreidesprossen schmekken aber auch als Füllung für Gemüse oder im Salat.

Vor dem Keimen die Getreidekörner sorgfältig verlesen, dabei sortenfremde, beschädigte oder verschmutzte Körner entfernen. Dann mindestens 8 Stunden oder über Nacht im kalten Wasser quellen lassen. (Ausnahme: Hafer nur ca. 4 Stunden einweichen.) Getreide keimt in allen Keimgeräten. Der Keim zeigt sich im Dunkeln etwas schneller, dann aber unbedingt ans Licht stellen. Je nach Sorte 1–2mal täglich spülen. Geerntet wird nach 2–4 Tagen, wenn der Keimling etwa so lang ist wie das Korn.

Gerste. Beim Einkauf sollten Sie nach der sogenannten Nacktgerste fragen. Gespelzte Gerste wird geschält, dabei kann die Keimfähigkeit leiden. Gerstensprossen entwickeln besonders beim Rösten einen intensiven Malzgeschmack.

Hafer enthält besonders hochwertiges Eiweiß und wertvolle Fette. Hafer darf nur ca. 4 Stunden quellen, sonst löst sich das Korn auf. Wie bei Gerste am besten Nackthafer kaufen.

Hirse ist besonders reich an Mineralstoffen, insbesondere Fluor und Kieselsäure (gut für Haare und Fingernägel). Es ist recht schwierig, keimfähige Hirse zu bekommen, da sie meist nur geschält angeboten wird. Deshalb nie größere Mengen ohne vorherige Keimprobe kaufen.

Reis ist besonders leicht verdaulich und wirkt aufgrund seines Natrium-Kalium-Gehalts entwässernd. Zum Keimen eignet sich nur ungeschälter Naturreis. Die Keimlinge werden ähnlich wie gekochter Reis verwendet, z. B. für Salate und Suppen.
Roggen und *Weizen* keimen sogar bei niedrigen Temperaturen ganz problemlos. Roggensprossen schmecken besonders gut in Obstsalaten und Sauerkraut.

SPROSSEN AUS HÜLSENFRÜCHTEN

Alle Hülsenfrüchte enthalten viel hochwertiges Eiweiß. Ihr ansonsten schwer verdauliches Protein wird durch die Keimung bekömmlicher. Hülsenfruchtsprossen sind besonders reich an B-Vitaminen, Folsäure und Vitamin E. Außerdem versorgen sie uns mit allen lebenswichtigen Mineralstoffen.
Hülsenfrüchte enthalten von Natur aus wertmindernde, z. T. sogar gesundheitsschädliche Substanzen (Trypsininhibitoren, Phytinsäure und Hämaglutinine). Bei Linsen, Mungobohnen und Adukibohnen werden diese Stoffe während der Keimung so gut wie vollständig abgebaut. Alle anderen Hülsenfruchtkeimlinge sollen vor dem Verzehr mindestens 5 Minuten gedünstet werden.
Vor dem Keimen die Hülsenfrüchte verlesen und waschen. Dann 10–12 Stunden (am besten über Nacht) in reichlich Wasser quellen lassen. Täglich 3–4mal gründlich spülen, damit die Samen nicht zu gären beginnen. Hülsenfrüchte keimen am besten in einer Keimbox oder im Einmachglas.
Sprossen von Hülsenfrüchten und Getreide ergänzen sich ganz ausgezeichnet. Außerdem schmecken sie in Suppen, Eintöpfen und Aufläufen; Mungobohnen-, Adukibohnen- und Linsenkeimlinge empfehlen sich auch roh in knackigen Salaten.
Adukibohnen, auch rote Sojabohnen genannt, sind in Nährwert und Geschmack den Mungobohnen sehr ähnlich. Sie brauchen allerdings etwas mehr Zeit zum Keimen.
Erbsen und *Kichererbsen* keimen schnell und problemlos. Die Keime sollen höchstens 1 cm lang werden, sonst schmecken sie bitter. Vor dem Verzehr mindestens 5 Minuten dünsten.
Linsen sind besonders leicht verdaulich; ihre Keimlinge schmecken roh am

besten. Sie sollen geerntet werden, bevor sie Blättchen entwickeln, danach wird ihr Geschmack eher herb. Rote Linsen sind geschält und keimen nicht mehr.
Die Keimlinge der *Mungobohne*, auch grüne Sojabohne genannt, werden oft fälschlicherweise als »Sojasprossen« bezeichnet. Mungobohnen keimen absolut problemlos und sind deshalb für erste Keimversuche besonders geeignet. 1 EL Bohnen wächst in etwa 4 Tagen zu 50 g Sprossen heran. Sie sollten geerntet bzw. verzehrt werden, bevor sie sich lila verfärben und Blätter bilden. Große helle Mungobohnensprossen, wie man sie aus Chinagerichten kennt, werden im Dunkeln gezogen. Sie wachsen dann nicht so schnell aus, allerdings enthalten sie dann aufgrund des Lichtmangels mehr Nitrat.
Die *gelbe Sojabohne* wird wegen ihres hohen Nährstoffgehalts auch »Fleisch des Feldes« genannt. Ihre Sprossen müssen vor dem Verzehr mindestens 5 Minuten gedünstet werden!

PIKANTE SPROSSEN

Die Samen dieser Gruppe gehören zwar unterschiedlichen Pflanzenfamilien an, haben aber hinsichtlich Anzucht und Geschmack vieles gemeinsam. Sie wachsen in 5–7 Tagen zu kleinen Pflänzchen mit zwei grünen Blättern heran. Man kann die ganzen Sprossen mitsamt den Wurzeln verarbeiten, oder den oberen Teil mit einer Schere abschneiden. Das geht leicht, wenn die Sprossen im Keimapparat gezogen werden. Senf- und Rettichsprossen können auch schon nach ca. 2 Tagen geerntet werden, wenn der Keimling wenige Millimeter lang ist. Sie schmecken dann etwas milder.
Pikante Sprossen eignen sich gut zum Mischen untereinander oder mit anderen Keimlingen. Senf und Rettich wirken antibiotisch und verhindern Schimmelbildung. Vor dem Keimen die Samen kurz, höchstens 4 Stunden, einweichen. Das Quellen kann aber auch ganz entfallen. Täglich wird 1- bis 2mal gespült; sobald sich Blättchen zeigen, reicht es, die Sprossen 2mal täglich zu besprühen. Die Samen sollen sehr sparsam dosiert werden, weil sie stark an Volumen zunehmen (höchstens 1½ EL pro Keimbox oder -schale).

Mit Ausnahme von Alfalfa schmecken alle diese Sprossen sehr würzig. Sie werden deshalb weniger als Gemüse, sondern eher wie Kräuter oder Gewürze verwendet. Sie verfeinern Salate, Quark und Eiergerichte und schmecken auch »pur« auf Butterbrot.
Alfalfa oder Luzerne ist sehr eiweiß- und vitaminreich. Im Glas oder in der Keimbox wachsen die Sprossen leicht zusammen und müssen vorsichtig aufgelockert werden. Alfalfakeimlinge schmecken knackig und frisch, haben aber keinen so ausgeprägten Eigengeschmack wie Rettich, Senf und Kresse.
Kresse enthält besonders viel Vitamin C. Sie wird auch im Gemüsehandel in kleinen Beeten angeboten. Kresse bildet beim Quellen Schleim und darf deshalb nicht zu naß liegen. Nach anfänglichem Spülen reicht es, sie 2mal täglich zu besprühen. Kresse keimt besonders gut auf Watte oder Küchenkrepp. Sie schmeckt würzig-herb und harmoniert besonders gut mit Eiergerichten.
Rettich ist reich an Vitaminen und Eisen. Ähnlich wie Senf wirkt er antibiotisch. Seine Sprossen können schon nach ca. 2 Tagen oder nach der Blattbildung geerntet werden. Sie schmekken dann aber sehr scharf.
Senf enthält reichlich Eiweiß sowie Senföle mit antibiotischer Wirkung. Senfsprossen bilden feine Faserwurzeln, die nicht mit Schimmel zu verwechseln sind. Nach etwa 2 Tagen schmecken sie mild-würzig, nach der Blattbildung (ca. 6 Tagen) eher scharf.

SONSTIGE SPROSSEN

Bockshornklee ist eine Heil- und Würzpflanze und stammt aus Asien. Sein Same bildet einen wichtigen Bestandteil von Currymischungen. Seine Sprossen sind ganz einfach zu ziehen und sollten geerntet werden, sobald der Keim sich zeigt. Ältere Sprossen werden rasch bitter. Bockshornkleekeime schmecken eigenwillig pikant und werden als Würze verwendet. Sie passen gut zu Reis und allen Gerichten mit Curry.
Buchweizen ist nicht, wie der Name vermuten läßt, eine Getreideart, sondern ein Knöterichgewächs. Seine Samen sind sehr mineralstoffreich und enthalten darüber hinaus viel Lezithin. Leider ist es recht schwierig, aus Buchweizen Sprossen zu ziehen: Ungeschälte Samen keimen zwar gut, aber ihre ungenießbaren Schalen lassen sich nach der Keimung kaum entfernen. Andererseits ist geschälter Buchwei-

zen nur schwer in keimfähiger Qualität zu bekommen. Ungeschälte Samen werden mindestens 16 Stunden eingeweicht und dann täglich 2–3mal gespült. Ganz anders die geschälten Samen: Sie neigen dazu, sich aufzulösen und zu faulen. Deshalb nur ganz kurz oder gar nicht einweichen und täglich einmal kurz spülen.

Kürbiskerne enthalten reichlich Eiweiß, ungesättigte Fettsäuren und Vitamin E. Für die Sprossenzucht nur geschälte Kerne kaufen (aber nicht geröstet oder gesalzen!). Sie brauchen zum Keimen viel Wasser und bevorzugen etwas höhere Temperaturen. Die Keimlinge schmecken wie die Kerne nußartig und eignen sich zum Überstreuen von Salaten, Müslis, Desserts und zum Knabbern zwischendurch.

Leinsamen sind die Früchte der Flachspflanze. Sie enthalten wertvolle ungesättigte Fettsäuren und wirken regulierend auf die Verdauung. Leinsamen gibt beim Quellen reichlich Schleim ab. Deshalb müssen die Samen sehr sparsam dosiert werden, sie ersticken sonst. Bei der Ernte (nach ca. 3 Tagen) besonders gründlich mit lauwarmem Wasser spülen. Leinsamensprossen schmecken nußartig und schmecken in Müslis, Obstsalaten und Rohkost.

Sesamsaat enthält fast alle wichtigen Nährstoffe in konzentrierter Form. Zum Keimen nur ungeschälte Saat verwenden. Im Dunkeln ankeimen lassen, dazu das Keimgerät mit einem Tuch bedecken. Geerntet wird, sobald der Keim ca. 2 mm lang ist, denn danach wird er rasch bitter. Sesamsprossen sind ähnlich wohlschmeckend wie ungekeimte Saat und werden auch so verwendet: für Müslis, Desserts und Aufstriche.

Sonnenblumenkerne ähneln in Geschmack und Nährwert den Kürbiskernen. Zusätzlich enthalten sie reichlich Mineralstoffe, insbesondere Eisen. Zum Keimen stets geschälte Kerne verwenden. Die Keimlinge werden geerntet, bevor sich Blättchen bilden.

TIPS UND TRICKS:

Die Angaben für die Keimdauer gelten bei normaler Zimmertemperatur (18–22 Grad). Höhere Temperaturen beschleunigen, niedrigere verlangsamen den Keimprozeß.
Manche Keimlinge, z. B. Senf und einige Getreidearten, bilden feine, weiße Faserwurzeln, die oft mit Schimmel verwechselt werden. Schimmel erkennt man an seinem fauligen, modrigen Geruch. Verschimmelte Sprossen enthalten krebserregende Stoffe und dürfen keinesfalls verzehrt werden.
Sprossen kann man 2–3 Tage zugedeckt im Kühlschrank aufbewahren. Je nach Sorte wachsen sie dort manchmal noch langsam weiter.
Kleine Mengen verschiedener Sprossen können im selben Gefäß gezogen werden, vorausgesetzt, Keimdauer und Wasserbedarf stimmen in etwa überein.

Die Rezepte sind – soweit nichts anderes angegeben – für 4 Personen berechnet.
Die Kalorien-/Jouleangaben beziehen sich auf eine durchschnittliche Portion.

SPROSSEN AUF EINEN BLICK

	GETREIDE						*HÜLSENFRÜCHTE*			

Sorte	**Gerste**	**Hafer**	**Hirse**	**Reis**	**Roggen**	**Weizen**	**Aduki-bohnen**	**Erbsen**	**Kicher-erbsen**	**Linse**
Einweich-zeit (Std.)	8–12	ca. 4	8–12				ca. 12			6–1
Spülvorgänge pro Tag	2	1	2				2–3	3–4		
Keimdauer (Tage)	3–5		2–4		2–3		4–5	2–3		
Länge des Keimes	Kornlänge						1–1,5 cm	maximal 1 cm		2 cm
beste Methode	alle Geräte						Glas oder Keimbox			
Geschmack	süßlich		neutral		würzig nussig	süßlich	knackig nussig	ähnlich wie frische Erbsen		leicht s bis nus
Besonder-heiten	spelzenfreie Sorten verwenden		lieben höhere Temperaturen					mindestens 5 Min. dünsten		

		PIKANTE SPROSSEN				*SONSTIGE SPROSSEN*					
ungo-hnen	**gelbe Sojabohnen**	**Alfalfa**	**Kresse**	**Rettich**	**Senf**	**Bockshornklee**	**Buchweizen**	**Kürbiskerne**	**Leinsamen**	**Sesam**	**Sonnenblumenkerne**
ca. 12		0–4				0–4	0–2	12–18	–	4–6	6–12
	3–4	1				1–2	1	3	1	1–2	2
3–4		5–7	5–6	ca. 2 oder 5–6		2	2–3	ca. 3		ca. 2	
-4 cm	ca. 1,5 cm	mehrere cm mit 2 grünen Blättchen		ca. 2 mm bzw. mehrere cm		1–2 mm	Kornlänge	ca. 5 mm	Kornlänge	2 mm	Kornlänge
		Keimapparat	Papier/Watte	Keimapparat		alle Geräte		Box oder Glas	alle Geräte		Box oder Glas
ackig risch	ähnlich Erbsen	knackig frisch	pikant herb	scharf	pikant	würzig eigenwillig	neutral	wie Kürbiskerne	nussig		wie Sonnenblumenkerne
	mind. 5 Min. dünsten	sparsam dosieren	schleimbildend	Faserwurzeln	leicht schleimbildend		schwierig		schleimbildend	schwierig, dunkel ankeimen lassen	

SPROSSEN IN DER HAUPTSACHE

Sprossen als eigenständiges Gericht – da fällt einem meist nur der chinesische »Soja«-Bohnensalat ein, der ja eigentlich Mungobohnensalat heißen müßte. Aber damit sind die kulinarischen Möglichkeiten noch lange nicht erschöpft. Gerade aus Sprossen lassen sich ganz schnell und mit einfachsten Mitteln köstliche Gerichte zaubern. Denn kaum ein anderes Gemüse zeigt einen so vielseitigen Charakter: Linsen- oder Mungobohnensprossen sind knackiges Gemüse, pikante grüne Sprossen wie Kresse oder Alfalfa ersetzen oder ergänzen Kräuter, Bockshornklee und kurz gekeimte Rettich- oder Senfsamen dienen als Gewürz. Dazu ein wenig Butter oder Öl, eine Prise Salz und Pfeffer – fertig ist das Sprossengericht. Die Zusammenstellung ist beliebig und richtet sich ganz nach Ihrem Geschmack. Oder Sprossen als Brotbelag: Entweder pur auf Butterbrot, garniert mit Eiern, Avocado oder Nüssen, aber auch vermischt mit süßen oder pikanten Zutaten als ebenso ungewöhnlicher wie delikater Aufstrich. Sie sehen schon: alles schnelle Küche.

PIKANTE SPROSSEN AUF BUTTERBROT

4 Scheiben Vollkornbrot
40 g Butter
1 Tasse Kresse (aus 1 EL Samen)
1 Tasse Alfalfagrün (aus 1 EL Samen)
3 EL Rettichsprossen (aus 1 TL Samen)
1 hartgekochtes Ei
½ Avocado
Zitronensaft
einige Walnußkerne
Salz, Pfeffer aus der Mühle

1. Vollkornbrot mit Butter bestreichen. Die gut abgetropften Sprossen darauf verteilen.
2. Das Ei pellen und in Achtel oder Scheiben teilen. Avocado schälen und in Spalten schneiden. Mit etwas Zitronensaft beträufeln.
3. Die Sprossenbrote mit Ei und Avocado garnieren. Mit den grob gehackten Walnußkernen bestreuen und mit Salz und Pfeffer würzen.

Pro Portion ca. 240 kcal / 1004 kJ

ADUKIBOHNEN-SPROSSEN-CURRY

2 Zwiebeln
2 Knoblauchzehen
2–3 EL Sonnenblumenöl
3 Äpfel
ca. 250 g Adukibohnensprossen (aus ca. 80 g Samen)
2 TL Currypulver
Salz
je 1 EL Senf- und Bockshornkleesprossen
4 EL Kokosraspel

1. Zwiebeln und Knoblauch schälen und in feine Würfel schneiden. In heißem Öl glasig dünsten.
2. Inzwischen Äpfel waschen, vierteln und Kerngehäuse entfernen. Dann in 1–2 cm große Würfel schneiden.
3. Äpfel und gut abgetropfte Sprossen zu den Zwiebeln geben und ca. 5 Minuten mitdünsten, mit Curry und Salz abschmecken.
4. Zuletzt Senf- und Bockshornkleesprossen untermischen. Mit Kokosraspel bestreut servieren.

Pro Portion ca. 190 kcal / 795 kJ

TIP Statt Currypulver und Senf- oder Bockshornkleesprossen eine Würzpaste, wie im Rezept Hühnchencurry auf Seite 69 beschrieben, verwenden.

SPROSSEN-PUFFER

ca. 300 g gemischte Sprossen (z. B. Mungobohnen, Linsen, Sonnenblumen – aus ca. 100 g Samen)
2 Eier
50 g feinblättrige Haferflocken
½ Bund Petersilie
Salz, Pfeffer aus der Mühle
Öl oder Butterschmalz zum Braten

1. Sprossen sehr gut abtropfen lassen und anschließend mit Küchenkrepp trockentupfen. Dann mit einem großen Messer hacken.
2. Gehackte Sprossen mit Eiern, Haferflocken und feingehackter Petersilie mischen. Den Teig mit Salz und Pfeffer abschmecken.
3. Das Fett in einer Pfanne erhitzen. Aus der Masse kleine Küchlein formen und diese bei mittlerer Hitze auf beiden Seiten je ca. 3 Minuten braten.

Pro Portion ca. 175 kcal / 732 kJ

TIP Zu den Sprossenpuffern folgende Sauce reichen: 1 Becher Sahnedickmilch oder saure Sahne mit einem Bund feingehackter, gemischter Kräuter verrühren. Mit Knoblauch, Salz und Pfeffer abschmecken.

SPROSSEN IN GEMÜSEBRÜHE

½ Sellerieknolle
2 Möhren
2 Petersilienwurzeln
1 Stange Lauch
1 Zwiebel
1 kleine Fenchelknolle
2 Lorbeerblätter
einige Pfefferkörner
1 Bund Petersilie
1 Bund Liebstöckel
Salz, Pfeffer aus der Mühle
je 100 g Mungobohnen- und Linsensprossen (aus je 40 g Samen)
3–4 EL Alfalfagrün
½ Bund Schnittlauch

1. Alle Gemüse waschen, putzen und in kleine Stücke schneiden. In einem großen Topf mit Wasser bedecken (ca. 1½ l). Kräuter und Gewürze hinzufügen.
2. Alles zum Kochen bringen und dann salzen. Bei schwacher Hitze 30–45 Minuten köcheln lassen. Dann durch ein Sieb gießen.
3. Die gesiebte Gemüsebrühe nochmals aufkochen und falls nötig mit Salz und Pfeffer abschmecken. Mungobohnen- und Linsensprossen zugeben und einige Minuten ziehen lassen, aber nicht mehr kochen.
4. Alfalfakeimlinge untermischen und nur noch kurz miterhitzen. Die Suppe mit Schnittlauchröllchen bestreut servieren.

Pro Portion ca. 45 kcal / 188 kJ

SOJABOHNEN-SPROSSEN IN RAHM

1 Knoblauchzehe
1 Möhre
2 Lauchzwiebeln
2 EL Butter oder Margarine
ca. 200 g Sojabohnenkeimlinge (aus ca. 70 g Samen)
⅛ l Sahne
1 TL Gemüsebrühe (Instant)
Salz, Pfeffer aus der Mühle
frischgeriebene Muskatnuß
2–3 EL Kresse

1. Knoblauch schälen und fein hacken. Möhre und Lauchzwiebeln putzen und in feine Streifen schneiden.
2. Die Butter in einem Topf zerlassen, Knoblauch, Möhre und Lauchzwiebeln darin andünsten. Die gut abgetropften Sprossen zugeben und ca. 5 Minuten mitdünsten.
3. Die Sahne angießen und etwas einkochen lassen. Das Gemüse mit Instantbrühe, Salz, Pfeffer und Muskatnuß abschmecken und mit Kresse überstreut servieren.

Pro Portion ca. 180 kcal / 753 kJ

CHINESISCHER MUNGOBOHNEN-SPROSSEN-SALAT

1 Bund Frühlingszwiebeln
1 Möhre
ca. 250 g Mungobohnen-Keimlinge (aus ca. 75 g Samen)
2–3 EL Sojasauce
3 EL Weinessig
2 EL Sesam- oder Erdnußöl
1–2 TL Zucker
½ TL Salz
½ TL Paprikapulver edelsüß
Pfeffer aus der Mühle
2 EL Sesamsamen

1. Die Frühlingszwiebeln waschen und putzen. Dann in feine Ringe schneiden. Möhre schälen und grob raspeln. Alles mit den gut abgetropften Sprossen vermischen.
2. Für die Marinade Sojasauce, Essig, Öl, Zucker, Salz, Paprikapulver und Pfeffer verrühren. Den Salat damit anmachen und kurz durchziehen lassen.
3. Inzwischen die Sesamsamen in einer Pfanne ohne Fett leicht anrösten. Abkühlen lassen und den Salat damit bestreuen.

Pro Portion ca. 170 kcal / 711 kJ

SÜSSE SONNENBLUMEN-SPROSSENPASTE

12 frische Datteln
1 säuerlicher Apfel
ca. 150 g Sonnenblumenkeimlinge (aus ca. 100 g Samen)
Saft von ½ Zitrone
½ TL Zimt
1 Messerspitze gemahlene Nelken
etwas Honig nach Geschmack

1. Datteln entsteinen und in kleine Stücke schneiden. Den Apfel waschen und grob raspeln.
2. Datteln und Apfel mit Zitronensaft und Sonnenblumenkeimlingen im Mixer oder mit dem Pürierstab pürieren. Falls die Masse zu fest ist, etwas Wasser hinzufügen.
3. Zuletzt mit Zimt, Nelkenpulver und nach Wunsch mit Honig abschmecken. Die Paste im Kühlschrank durchziehen lassen.

Pro Portion ca. 248 kcal / 1037 kJ

TIP Die Paste ist ein gesunder Brotaufstrich, der auch Kindern schmeckt.

GEMISCHTER SPROSSEN-AUFSTRICH

50 g Butter
ca. 50 g Weizensprossen (aus 5 EL Samen)
2 EL Rettichsprossen (aus ca. ½ TL Samen)
2–3 EL Kresse
1–2 EL Hefeflocken
Salz, Pfeffer aus der Mühle

1. Die Butter schaumig rühren. Die gut abgetropften Sprossen unterziehen.
2. Die Mischung mit Hefeflocken, Salz und Pfeffer abschmecken. Im Kühlschrank aufbewahren.

Pro Portion ca. 150 kcal / 628 kJ

LAUWARMER LINSEN-SPROSSENSALAT

1 hartgekochtes Eigelb
125 g Doppelrahmfrischkäse
60 g Pistazienkerne, fein gehackt
2–3 EL süße Sahne, Sauerrahm oder Crème fraîche
Salz, Pfeffer aus der Mühle
2–3 Möhren
1–2 Stangen Bleichsellerie
3 EL Butter
ca. 250 g Linsensprossen (aus ca. 100 g Linsen)
1–2 EL Rotweinessig
1 Apfel

1. Eigelb mit einer Gabel zerdrükken und mit Frischkäse, Pistazien und Sahne oder Crème fraîche glattrühren. Mit Salz und Pfeffer abschmecken.
2. Möhren und Bleichsellerie waschen und putzen. Dann in sehr feine Scheibchen schneiden; dikkere Möhren vorher längs halbieren.
3. Gemüse in 2 Eßlöffeln zerlassener Butter andünsten. Die gut abgetropften Linsensprossen hinzufügen und kurz mit erwärmen. Das Gemüse mit Salz, Pfeffer und Essig abschmecken.
4. Apfel waschen, vierteln, Kerngehäuse entfernen und in Spalten schneiden. Die restliche Butter zerlassen und den Apfel darin andünsten.
5. Das Linsengemüse mit den Apfelspalten und der Pistaziencreme auf Tellern anrichten. Lauwarm servieren.

Pro Portion ca. 380 kcal / 1590 kJ

SPROSSEN MIT GEMÜSE

Hier eröffnet sich ein kulinarisches Schlaraffenland. Es bieten sich so viele Möglichkeiten, daß man sie fast nicht erschöpfend beschreiben kann. Denn Sprossen haben, je nach Sorte, viele Gesichter. Mit gutem Gewissen kann man behaupten, daß es zu jedem Gemüse eine passende Sprosse gibt. Dabei sind die hier vorgestellten Kombinationen nicht obligatorisch. Experimentieren Sie selbst! Sogar alltägliche Gerichte aus Ihrem persönlichen Stammrepertoire bekommen durch Sprossen neuen Pfiff. Warum Paprikaschoten nicht einmal mit Getreidesprossen anstatt mit Hackfleisch füllen! Und der gute alte Kartoffelsalat gewinnt durch eine Handvoll grüner Sprossen an Attraktivität und Vitaminen. Ganz groß in diesem Kapitel: Salat-Variationen. Hier können sich Sprossen von ihrer allerbesten Seite zeigen. Erntefrisch, naturbelassen und knackig wie sie sind, strotzen sie nur so vor Gesundheit. Deshalb sollten sie auch ausschließlich mit qualitativ hochwertigen Zutaten kombiniert werden.

MÖHREN-PFANNE MIT BOCKSHORN-KLEESPROSSEN

ca. 750 g Möhren
3 Frühlingszwiebeln
2 EL Butter oder Margarine
0,2 l süße Sahne oder Crème fraîche
2 TL Currypulver
Salz, Pfeffer aus der Mühle
2–3 Bananen
Saft von ½ Zitrone
2–3 EL Kresse
2–3 EL Bockshornkleesprossen (aus 1 TL Samen)

1. Die Möhren waschen, schälen und in feine Scheiben schneiden oder hobeln. Frühlingszwiebeln waschen, putzen und in feine Ringe schneiden. Das Fett in einer Pfanne zerlassen und die Möhren und Zwiebeln darin etwa 5 Minuten andünsten.
2. Die Sahne zugießen und das Currypulver unterrühren. Nochmal ca. 5 Minuten leise köcheln lassen und abschmecken.
3. Die Bananen schälen und in Scheiben schneiden. Sofort mit etwas Zitronensaft beträufeln. Bananen zu den Möhren geben und kurz miterhitzen. Zuletzt Kresse und Bockshornkleesprossen untermischen und sofort servieren.

Pro Portion ca. 350 kcal / 1464 kJ

CHINAKOHL MIT LINSEN-SPROSSEN

1 Chinakohl
2 Orangen
1 kleine rote Zwiebel
ca. 100 g Linsensprossen (aus ca. 40 g Linsen)
150 g Sahnedickmilch oder Sahnejoghurt (10%)
1 Tasse Kresse
Salz, Cayennepfeffer

1. Chinakohl in einzelne Blätter zerteilen. Waschen und gut abtropfen lassen. Die dicken Mittelrippen keilförmig herausschneiden und die Blätter in 1 cm breite Streifen schneiden.
2. Die Orangen mit einem scharfen Messer schälen, so daß auch die weiße Haut vollständig entfernt wird. Die Fruchtfilets sorgfältig aus den Trennhäuten schneiden, dabei den Saft auffangen.
3. Zwiebel schälen und in feine Ringe schneiden. Chinakohl, Orangenfilets, Zwiebelringe und die gut abgetropften Linsensprossen in einer großen Schüssel vermischen.
4. Für die Salatsauce Sahnedickmilch oder -joghurt mit 2–3 Eßlöffeln Orangensaft glattrühren. Kresse untermischen und mit Salz und Pfeffer abschmecken. Den Salat damit anrichten und sofort servieren.

Pro Portion ca. 115 kcal / 481 kJ

BRUNNEN-KRESSE MIT SONNENBLUMEN-SPROSSEN

1 Bund Brunnenkresse (ca. 300 g)
200 g Egerlinge oder Champignons
Saft von ½ Zitrone
100 g Sonnenblumensprossen (aus ca. 60 g Sonnenblumenkernen)
Vinaigrette
2 Schalotten
3 EL Sherryessig
5 EL Sonnenblumenöl
Salz, Pfeffer aus der Mühle
1 Bund Schnittlauch

1. Die Brunnenkresse putzen, waschen und gut abtropfen lassen. Pilze putzen und blättrig schneiden. Sofort mit etwas Zitronensaft beträufeln.
2. Für die Vinaigrette Schalotten schälen und fein hacken. Mit Essig, Öl, Salz, Pfeffer und Schnittlauchröllchen vermischen.
3. Brunnenkresse, Pilze und die gut abgetropften Sonnenblumensprossen in einer großen Schüssel vermischen, mit der Vinaigrette übergießen, locker untermischen und sofort servieren.

Pro Portion ca. 120 kcal / 502 kJ

ASIATISCHE GEMÜSEPFANNE MIT TOFU

200 g Tofu
3 EL Sojasauce
3 EL Reiswein oder trockener Sherry
1–2 EL Sesamöl
1 dünne Stange Lauch oder
2 Frühlingszwiebeln
200 g Brokkoli
2 Stangen Bleichsellerie
2 EL Erdnuß- oder Sonnenblumenöl
150 g Kichererbsensprossen (aus ca. 75 g Samen)
2 TL Currypulver
1 TL Kurkuma (Gelbwurz)
1 Bund Petersilie oder Koriandergrün
Cayennepfeffer, Salz
1 TL frischgeriebener Ingwer (nach Belieben)
50 g Kürbiskerne oder Kürbiskernsprossen

1. Tofu abtropfen lassen und in Würfel schneiden. Aus Sojasauce, Reiswein oder Sherry und Sesamöl eine Marinade rühren. Den Tofu damit übergießen und ca. 30 Minuten durchziehen lassen.
2. Inzwischen die Gemüse waschen und putzen. Lauch oder Frühlingszwiebeln in 1 cm breite Stücke schneiden, Brokkoli in sehr kleine Röschen zerteilen. Bleichsellerie in feine Scheibchen schneiden. Das zarte Selleriegrün in Streifen schneiden.
3. Öl in einer Pfanne erhitzen und alle Gemüse mit den gut abgetropften Kichererbsensprossen 5–10 Minuten dünsten, bis sie gar, aber noch bißfest sind. Dann Currypulver, Kurkuma und feingehackte Petersilie unterrühren.
4. Den Tofu mit der Marinade vorsichtig untermischen und im Gemüse heiß werden lassen. Mit Curry, Cayennepfeffer, Salz und nach Wunsch mit Ingwer abschmecken. Das Gericht vor dem Servieren mit Kürbiskernen oder Kürbiskernsprossen bestreuen.
Pro Portion ca. 230 kcal / 962 kJ

ROHKOST MIT WEIZENKEIMLINGEN

2–3 Möhren
1 Stück Sellerieknolle (ca. 150 g)
1 Fenchelknolle
2 kleine säuerliche Äpfel
Saft von ½ Zitrone
ca. 150 g Weizenkeimlinge (aus ca. 90 g Samen)
Mayonnaise
1 Eigelb, Salz
⅛ l Sonnenblumenöl
Pfeffer aus der Mühle
2 EL Senfsprossen (aus 1 EL Samen, ca. 2 Tage gekeimt) oder
1 EL mittelscharfer Senf

1. Möhren, Sellerie und Fenchel waschen und putzen; das zarte Fenchelgrün beiseite legen. Alles zuerst in Scheiben und dann in feine Stifte oder Würfel schneiden.
2. Äpfel vierteln, Kerngehäuse entfernen und ebenfalls in feine Streifen oder Würfel schneiden. Sofort mit Zitronensaft beträufeln.
3. Für die Mayonnaise Eigelb und eine Prise Salz mit einem Schneebesen oder Handrührgerät cremig schlagen. Tropfenweise das Öl zugeben, so daß eine dicke, helle Creme entsteht. Mit Zitronensaft, Salz, Pfeffer und Senfsprossen oder Senf abschmecken.
4. Gemüse, Äpfel, gut abgetropfte Weizenkeimlinge und die Mayonnaise in einer Schüssel vermischen. Das Fenchelgrün hacken und darüber streuen. Die Rohkost vor dem Servieren kurz durchziehen lassen.
Pro Portion ca. 425 kcal / 1778 kJ

TIP Probieren Sie auch einmal diese süße Variante:
Statt der Mayonnaise eine Salatsauce aus Sahnejoghurt, Zitronensaft und Honig rühren. Zusätzlich 75 g Rosinen untermischen.

GROSSER SALAT MIT AVOCADO UND EIERN

4 Eier
1 Radicchio
1 kleiner Friséesalat
1 große Möhre
1 Stück Knollensellerie (ca. 100 g)
1 Avocado
Saft von ½ Zitrone
ca. 150 g gemischte Sprossen (z. B Alfalfa, Linsen, Mungobohnen und Senf – aus ca. 40 g Samen)
50 g grob gehackte Walnußkerne
Vinaigrette
2 Schalotten
3 EL Sherryessig
5–6 EL Walnußöl
Salz, Pfeffer aus der Mühle
1 Bund Schnittlauch

1. Die Eier ca. 5 Minuten wachsweich kochen. Dann mit kaltem Wasser abschrecken und pellen.
2. Radicchio und Friséesalat zerpflücken, putzen, waschen und gut abtropfen lassen. Die Möhre und den Sellerie waschen, schälen und grob raspeln.
3. Avocado längs halbieren und den Stein entfernen. Dann schälen und in dünne Spalten schneiden. Sofort mit etwas Zitronensaft beträufeln.
4. Für die Sauce Schalotten schälen und fein hacken. Mit Essig, Öl, Salz, Pfeffer und Schnittlauchröllchen verrühren.
5. Radicchio, Frisée, Möhren, Sellerie und die gut abgetropften Sprossen in einer großen Schüssel vermischen und mit der Salatsauce anmachen. Avocadospalten und die halbierten Eier hinzufügen. Mit den Walnüssen bestreuen.
Pro Portion ca. 480 kcal / 2008 kJ

TIP Anstatt Walnußkernen schmecken auch leicht geröstete Pinienkerne. – So wird aus dem Salat eine komplette Mahlzeit: 150 g Geflügelleber auf beiden Seiten ca. 3 Minuten braten und mit dem Salat anrichten.

ROTKOHL-ROULADEN MIT HAFER-SPROSSEN

1 kleiner Kopf Rotkohl
Salz
3 EL Butter oder Margarine
2 Schalotten
150 g Hafersprossen (aus ca. 100 g Samen)
50 g Rosinen
50 g gehackte Walnußkerne
2 EL Rotweinessig
Pfeffer aus der Mühle
0,2 l Rotwein
2–3 EL Crème fraîche

1. Vom Rotkohl 4–6 große Blätter ablösen. In reichlich kochendem Salzwasser ca. 1 Minute blanchieren, dann sofort mit kaltem Wasser abschrecken. Die Blätter gut abtropfen lassen und die dicken Mittelrippen flachschneiden.
2. Vom restlichen Kohl ca. 200 g Blätter ablösen. Gründlich waschen und gut abtropfen lassen. Mittelrippe entfernen und die Blätter in schmale Streifen schneiden.
3. Von der Butter oder Margarine 2 EL in einem Topf zerlassen. Feingehackte Schalotten darin glasig dünsten. Die Rotkohlstreifen zugeben und ca. 5 Minuten andünsten. Dann Hafersprossen, Rosinen, Walnüsse und Essig unterrühren. Mit Salz und Pfeffer abschmecken.
4. Die Blätter ausbreiten und die Füllung darauf verteilen; die Seiten umschlagen und zu Rouladen aufrollen. Mit Küchengarn zusammenbinden.
5. Restliche Butter in einem Schmortopf zerlassen und die Rouladen darin von allen Seiten anbraten. Rotwein angießen und alles zugedeckt ca. 20 Minuten köcheln lassen.
6. Die Rouladen herausnehmen und warmstellen. Crème fraîche unter die Sauce rühren und etwas einkochen. Mit Salz, Pfeffer und Rotweinessig abschmecken.
Beilage: Kartoffelbrei oder Kartoffelknödel.
Pro Portion ca. 375 kcal / 1569 kJ

SOMMERSALAT MIT KÄSE-DRESSING

1 kleine Salatgurke
2 Paprikaschoten
4 Tomaten
1 kleine Zwiebel
2 Tassen Alfalfagrün (aus ca. 2 EL Samen)
Dressing
1 Knoblauchzehe
100 g eingelegter Schafkäse
0,1 l süße Sahne
Salz, Pfeffer aus der Mühle
1 Zweiglein Thymian

1. Die Gemüse gründlich waschen. Gurke längs vierteln und dann in Würfel schneiden. Paprikaschoten vierteln, Kerngehäuse entfernen und ebenfalls würfeln.
2. Die Tomaten in Spalten schneiden, dabei den grünen Stielansatz entfernen. Zwiebel schälen und in feine Ringe schneiden.
3. Für das Dressing den Knoblauch schälen und fein hacken oder durch die Knoblauchpresse drükken, Schafkäse zerbröckeln. Beides mit der Sahne vermischen und mit Salz, Pfeffer und abgezupften Thymianblättchen abschmecken.
4. Die gut abgetropften Alfalfasprossen in eine Schüssel geben. Tomaten, Gurke, Paprika und Zwiebel darauf anrichten. Mit dem Käsedressing übergießen.
Pro Portion ca. 220 kcal / 920 kJ

FRÜHLINGS-ROLLEN

Teig
150 g Mehl
Salz
2 Eier
350 ml Wasser
2 EL Erdnußöl
Füllung
25 g getrocknete chinesische Pilze (in lauwarmem Wasser 2 Stunden eingeweicht)
2–3 Frühlingszwiebeln
2 mittelgroße Möhren
ca. 200 g Chinakohl oder Wirsing
2 EL Erdnußöl
ca. 150 g Mungobohnenkeimlinge (aus ca. 40 g Samen)
3–4 EL Sherry
2 EL Sojasauce
Salz, Pfeffer aus der Mühle
1 EL Speisestärke
1 Eiweiß
Öl (zum Fritieren)

1. Für den Teig Mehl mit Salz, Eiern und Wasser verquirlen. Das Öl in einer Pfanne erhitzen und nacheinander ca. 8 sehr dünne Pfannkuchen backen. Dabei nicht wenden und nur wenig bräunen. Warmstellen.
2. Für die Füllung Pilze nach dem Quellen gut abspülen, gründlich säubern und abtropfen lassen.
3. Die Gemüse waschen und putzen. Frühlingszwiebeln in feine Ringe, Möhren, Kohlblätter und Pilze in dünne Streifen schneiden.
4. Das Öl erhitzen und alle Gemüse darin kurz andünsten. Die gut abgetropften Mungobohnenkeimlinge zugeben und kurz mitdünsten.
5. Sherry und Sojasauce hinzufügen und das Gemüse mit Salz und Pfeffer abschmecken. Die Speisestärke mit wenig Wasser glattrühren und das Gemüse damit binden. Etwas abkühlen lassen.
6. In die Mitte jedes Pfannkuchens ca. 2 Eßlöffel der Füllung geben. Die Ränder der Pfannkuchen mit Eiweiß bestreichen.
7. Zuerst das untere Teigende über die Füllung legen. Dann die seitlichen Ränder einschlagen. Zuletzt den oberen Teil über die Rolle legen und gut andrücken.
8. Die Frühlingsrollen in schwimmendem Öl (Friteuse ca. 175 Grad) goldgelb ausbacken.
Pro Portion ca. 400 kcal / 1674 kJ

TIP Für den Teig können Sie auch fertigen Strudelteig verwenden. Wer es nicht ganz vegetarisch mag, brät für die Füllung zusätzlich 200 g fein geschnittenes Schweinefilet mit.

TOMATENSUPPE MIT REIS-SPROSSEN

1 Bund Suppengrün
1 Zwiebel, 1 Knoblauchzehe
1 Bund Basilikum
2 EL Butter oder Margarine
1 kg vollreife Tomaten
¼ l Fleischbrühe
Salz, Pfeffer aus der Mühle
ca. 100 g Reissprossen (aus ca. 60 g Reis)

1. Das Suppengrün waschen, putzen und in kleine Stücke schneiden. Zwiebel und Knoblauch schälen und grob hacken. Vom gewaschenen Basilikum die Blättchen abzupfen und beiseite legen.
2. Das Fett in einem großen Topf zerlassen. Suppengrün, Zwiebel, Knoblauch und Basilikumstengel ca. 5 Minuten darin dünsten.
3. Inzwischen die Tomaten waschen und vierteln, dabei die grünen Stielansätze entfernen. Zum Gemüse in den Topf geben und die Brühe angießen. Alles zugedeckt 10 bis 15 Minuten köcheln lassen.
4. Die Suppe durch ein Sieb streichen, kurz aufkochen und mit Salz und Pfeffer abschmecken.
5. Die gut abgetropften Reissprossen untermischen und kurz miterhitzen. Zuletzt Basilikumblätter in feine Streifen schneiden und unter die Suppe rühren. Sofort servieren.

Pro Portion ca. 155 kcal / 649 kJ

MINESTRONE MIT ADUKI-BOHNEN-SPROSSEN

1 Zwiebel
2 Knoblauchzehen
2 EL Olivenöl
2 Möhren
1 Stück Knollensellerie (ca. 100 g)
100 g Naturreis
1 l Gemüsebrühe
350 g frische (oder 150 g tiefgekühlte) Erbsen
200 g grüne Bohnen
2 Fleischtomaten
1 Bund Petersilie
ca. 120 g Adukibohnensprossen (aus ca. 40 g Samen)
Salz, Pfeffer aus der Mühle
50 g frischgeriebener Parmesan

1. Zwiebel und Knoblauch schälen und fein hacken. Olivenöl in einem großen Topf erhitzen, Zwiebel und Knoblauch darin glasig dünsten.
2. Möhren und Sellerie waschen, putzen und in feine Scheiben schneiden oder hobeln. Mit dem Reis in den Topf geben und einige Minuten andünsten. Dann Gemüsebrühe zugießen und alles ca. 5 Minuten schwach köcheln lassen.
3. Inzwischen die Erbsen palen. Bohnen waschen, Enden kappen und, falls nötig, entfädeln. Unter die Suppe mischen und weitere 20 Minuten köcheln lassen.
4. Die Tomaten oben einritzen, kurz in kochendes Wasser tauchen und häuten. Dann quer halbieren, entkernen und das Fruchtfleisch in kleine Würfel schneiden. Die Petersilie fein hacken. Tomaten, die gut abgetropften Sprossen und Petersilie unter die Suppe mischen und kurz miterhitzen. Zuletzt mit Salz und Pfeffer abschmecken. Mit geriebenem Parmesan servieren.

Pro Portion ca. 310 kcal / 1217 kJ

SPROSSEN MIT MILCHPRODUKTEN, KÄSE UND EIERN

Gerade wer weniger Fleisch ißt – und Ernährungswissenschaftler empfehlen das – stellt vermutlich Eier, Käse und Milchprodukte mehr in den Mittelpunkt seiner Ernährung. Eier sind seit jeher aus der Küche nicht wegzudenken. Und als Grundlage für Aufläufe und Soufflés, ergänzen sie aufs Beste den besonderen Eigengeschmack der verschiedenen Sprossen, ohne ihn zu überdecken.

Übrigens: Ob Eier braun oder weiß sind, hängt von der Hühnerrasse ab. Weder im Geschmack, noch in bezug auf die Inhaltsstoffe besteht irgendein Unterschied. Milchprodukte enthalten genauso wertvolles tierisches Eiweiß wie Fleisch, aber meist weniger Fett und Cholesterin. Außerdem sind sie wesentlich preiswerter. Der hohe Kalziumgehalt macht Milch und alles, was daraus hergestellt wird, insbesondere für Kinder und Jugendliche, unentbehrlich.

BUTTERMILCH-PARFAIT MIT NUSS-VINAIGRETTE

8 Blatt weiße Gelatine
½ l Buttermilch
0,2 l Sahne
je 1 Tasse Alfalfagrün und Radieschensprossen (hier nur die obere Hälfte der Sprossen abschneiden)
Salz, weißer Pfeffer
Saft von ½ Zitrone
Vinaigrette
1 Schalotte
2–3 EL Weißweinessig
6 EL Walnußöl
einige Walnußkerne

1. Die Gelatine in kaltem Wasser einweichen und ca. 10 Minuten quellen lassen. Etwas Buttermilch erwärmen und die gut ausgedrückte Gelatine darin auflösen. Die restliche Buttermilch untermischen und kühl stellen.
2. Die Sahne steifschlagen. Sobald die Buttermilch zu gelieren beginnt, Sahne und die gut abgetropften Sprossen vorsichtig unterheben. Mit Salz, weißem Pfeffer und Zitronensaft abschmecken.
3. Die Masse in eine rechteckige Form (von ca. ¾ l Inhalt) füllen. Im Kühlschrank abgedeckt mindestens 4 Stunden kalt stellen, bis das Parfait vollständig erstarrt ist.
4. Für die Vinaigrette Schalotte schälen und fein hacken. Mit Essig, Öl, Salz, Pfeffer und feingehackten Nüssen verquirlen.
5. Zum Stürzen die Form kurz in heißes Wasser tauchen. Das Parfait in dicke Scheiben schneiden und mit der Nußvinaigrette servieren.

Pro Portion ca. 375 kcal / 1569 kJ

TIP Das Parfait läßt sich besonders leicht stürzen, wenn Sie die Form mit Backtrennpapier auskleiden.

OMELETTE MIT SPROSSEN-FÜLLUNG

2 Fleischtomaten
250 g Blattspinat
1 Zwiebel
1 Knoblauchzehe
5 EL Butter oder Margarine
ca. 100 g Linsensprossen (aus ca. 40 g Linsen)
Salz, Pfeffer aus der Mühle
1 Bund Basilikum
8 Eier

1. Die Tomaten oben kreuzweise einritzen, kurz in kochendes Wasser tauchen und häuten. Tomaten quer halbieren und entkernen, das Fruchtfleisch in feine Würfel schneiden.
2. Spinat putzen, dabei dicke Stiele entfernen, waschen und gut abtropfen lassen. Zwiebel und Knoblauch schälen und fein hakken. In 1 EL erhitzter Butter oder Margarine glasig dünsten.
3. Tomatenwürfel und die gut abgetropften Linsensprossen zugeben und kurz mitdünsten. Den Spinat untermischen und nur zusammenfallen lassen. Gemüse mit Salz, Pfeffer und fein geschnittenem Basilikum abschmecken und warmhalten.
4. Nun portionsweise die Omeletts backen: Je 1 EL Fett in einer beschichteten Pfanne zerlassen. Je 2 Eier mit Salz und Pfeffer verquirlen und in die Pfanne gießen. Ca. 3 Minuten stocken lassen. Nicht wenden.
5. Die fertigen Omeletts auf einen Teller gleiten lassen. Je ¼ der Füllung darauf verteilen und zusammenklappen. Sofort servieren.

Pro Portion ca. 350 kcal / 1464 kJ

TIP Statt Spinat schmeckt auch Blattmangold oder Brunnenkresse.
Variation in Käse:
100 g Schafskäse in kleine Würfel schneiden und unter die Füllung mischen.

KRESSE-EIER AUF VOLLKORN-BRÖTCHEN

1 Fleischtomate
4 hartgekochte Eier
125 g Sahnequark
1 Tasse Kresse (aus ca. 1 EL Samen)
Salz, Pfeffer aus der Mühle
Salatblätter (zum Anrichten)
4 Vollkornbrötchen oder
4 Scheiben Vollkornbrot
4 EL Sonnenblumensprossen oder leicht geröstete Sonnenblumenkerne

1. Die Tomate oben kreuzweise einritzen, kurz in kochendes Wasser tauchen und häuten. Tomate quer halbieren und entkernen, das Fruchtfleisch in kleine Würfel schneiden.
2. Die Eier pellen und fein hakken. Mit Quark, Kresse und den Tomatenwürfeln vermischen. Mit Salz und Pfeffer abschmecken.
3. Die Eiercreme auf Salatblätter füllen und auf Brot oder Brötchen anrichten. Mit Sonnenblumensprossen oder -kernen bestreuen.
Pro Portion ca. 285 kcal / 1192 kJ

KÄSESOUFFLE AUF KRESSE-SALAT

30 g Butter
40 g Mehl
0,2 l Milch
100 g geriebener mittelalter Gouda
3 Eier (getrennt)
Salz, Pfeffer aus der Mühle
frischgeriebene Muskatnuß
1 EL Balsamessig
2 EL Walnußöl
2 Tassen Kresse (aus ca. 2 EL Samen)
einige gehackte Haselnuß- oder Walnußkerne

1. Vier Souffléförmchen mit Backtrennpapier auslegen. Den Backofen auf 200 Grad vorheizen.
2. Die Butter in einem Topf zerlassen. Mehl einstreuen und unter Rühren goldgelb anschwitzen. Die Milch zugießen und die Masse mit dem Schneebesen glattrühren.
3. Die Sauce kurz aufkochen und dann bei geringer Hitze 5–10 Minuten köcheln lassen. Dabei häufig umrühren, damit sie nicht ansetzt.
4. Sauce von der Kochstelle nehmen und den geriebenen Käse und die Eigelb unterrühren. Mit Salz, Pfeffer und Muskatnuß kräftig abschmecken. Backofen auf 200 Grad vorheizen.
5. Die Eiweiß mit einer Prise Salz steifschlagen. Dann vorsichtig unter die Käsecreme heben. Masse in die vorbereiteten Förmchen füllen und auf der Mittelschiene des Backofens 10–15 Minuten backen.
6. Inzwischen aus Essig, Öl, Salz und Pfeffer eine Vinaigrette rühren. Kresse darin wenden und auf vier Teller verteilen. Die gehackten Nüsse darüberstreuen.
7. Die Soufflés vorsichtig aus den Förmchen lösen und auf dem Kressesalat sofort servieren.
Pro Portion ca. 300 kcal / 1255 kJ

FEIGEN MIT KRESSECREME

75 g Gorgonzola (oder ein anderer Blauschimmelkäse)
1 kleine Packung Doppelrahmfrischkäse (62,5 g)
2–3 EL Sahne
1 Tasse Kresse (aus 1 EL Samen)
Salz, weißer Pfeffer
8 frische Feigen
3 EL Sonnenblumen- oder Kürbissprossen (aus 10 g Samen)

1. Den Gorgonzola mit einer Gabel zerdrücken und mit Frischkäse und Sahne glattrühren. Kresse untermischen und mit Salz und Pfeffer abschmecken.
2. Die Feigen waschen und halbieren. Die Käsecreme in einen Spritzbeutel füllen und mit einer Sterntülle Rosetten auf die Feigen spritzen.
3. Die Sonnenblumen- oder Kürbissprossen in einer Pfanne ohne Fettzugabe kurz rösten. Dann über die Feigen streuen.

Pro Portion ca. 250 kcal / 1046 kJ

TIP Die Käsecreme schmeckt auch auf halbierten Datteln oder Birnen. Als Garnitur eignen sich außerdem auch Pinien- oder Walnußkerne.

SPROSSENDRINK

2 Möhren
½ Bund Petersilie
1½ Tassen Alfalfasprossen (aus ca. 1½ EL Samen)
2 EL Rettichsprossen (aus 1 TL Samen)
1 l Buttermilch oder Kefir
Salz, Pfeffer aus der Mühle
Zitronensaft

1. Die Möhren waschen, schälen und in Stücke schneiden. Petersilienblättchen von den Stengeln zupfen.
2. Möhren, Petersilie, Alfalfa- und Rettichsprossen mit der Buttermilch im Mixer pürieren. Mit Salz, Pfeffer und Zitronensaft abschmecken.

Pro Portion ca. 120 kcal / 502 kJ

TIP In Gläsern mit Petersilienrand servieren. Dazu den Glasrand mit Zitronensaft anfeuchten und in feingehackter Petersilie drehen.

KÄSESALAT MIT GERSTENSPROSSEN

ca. 150 g Gerstensprossen (aus ca. 100 g Samen)
2 reife Williamsbirnen
Saft von ½ Zitrone
½ Kopf Frisée- oder Eichblattsalat
3 EL Sonnenblumen- oder Keimöl
Salz, Pfeffer aus der Mühle
ca. 300 g reifer Camembert

1. Die gut abgetropften Gerstensprossen in einer beschichteten Pfanne ohne Fett bei mittlerer Hitze rösten, bis fast kein Wasserdampf mehr aufsteigt und sich ein deutlicher Malzgeruch entwickelt hat. Geröstete Sprossen auf einen Teller schütten und abkühlen lassen.
2. Die Birnen waschen, achteln und das Kerngehäuse herausschneiden. Sofort mit etwas Zitronensaft beträufeln, damit sie sich nicht verfärben.
3. Frisée- oder Eichblattsalat putzen, waschen und trockenschleudern. Aus dem restlichen Zitronensaft, Öl, Salz und Pfeffer eine Salatsauce rühren und den Salat darin wenden.
4. Die Salatblätter auf vier Portionsteller verteilen und mit Birnenachteln und Camembertscheiben anrichten. Die Gerstensprossen darüberstreuen.

Pro Portion ca. 400 kcal / 1674 kJ

CHINESISCHE RÜHREIER

25 g getrocknete oder 200 g frische Shiitake-Pilze
1 Bund Frühlingszwiebeln
2 EL Butter oder Margarine
ca. 150 g Mungobohnensprossen (aus ca. 40 g Samen)
8 Eier
2 EL Milch oder Sahne
Salz, Pfeffer aus der Mühle
evtl. 1 TL Sojasauce
1 Bund Petersilie

1. Getrocknete Pilze mit lauwarmem Wasser übergießen und mindestens 3 bis 4 Stunden quellen lassen. Anschließend gut ausdrücken und in feine Streifen schneiden. Frische Shiitake-Pilze putzen, die Stiele entfernen und die Hüte in Streifen schneiden.
2. Die Frühlingszwiebeln waschen, putzen und mit Grün in feine Ringe schneiden. Das Fett in einer beschichteten Pfanne zerlassen und die Zwiebelringe darin andünsten. Pilze und Sprossen zugeben und ca. 3 Minuten mitdünsten.
3. Inzwischen Eier mit Milch oder Sahne, Salz, Pfeffer und Sojasauce verrühren. In die Pfanne gießen und vorsichtig mit dem Sprossen-Pilz-Gemüse vermengen. Bei mittlerer Hitze stocken lassen, dabei gelegentlich mit einer Gabel umrühren. Zuletzt die feingehackte Petersilie darüberstreuen.

Pro Portion ca. 275 kcal / 1151 kJ

EIER IN SENFSAUCE

2 EL Butter oder Margarine
2 EL Mehl
¼ l Gemüsebrühe (Instant)
¼ l Sahne
Saft von ½ Zitrone
1–2 EL Dijon-Senf
Salz, Pfeffer aus der Mühle
8 Eier
1 Tasse Senfsprossen (aus 1 EL Samen)

1. Das Fett in einem Topf zerlassen. Mehl einstreuen und unter Rühren goldgelb anschwitzen.
2. Nach und nach Brühe und Sahne zugießen, dabei ständig rühren. Die Sauce ca. 15 Minuten bei geringer Hitze köcheln lassen, gelegentlich umrühren, damit nichts ansetzt. Mit Zitronensaft, Senf, Salz und Pfeffer abschmecken.
3. Die Eier in 5 bis 7 Minuten wachsweich kochen, kalt abschrecken und schälen.
4. Die Senfsprossen unter die Sauce mischen und kurz miterhitzen. Mit den Eiern servieren.

Pro Portion ca. 470 kcal / 1966 kJ

SPROSSEN-QUARK MIT PELL-KARTOFFELN

1 kg festkochende Kartoffeln
1 rote Paprikaschote
250 g Quark
150 g saure Sahne
1 Bund Schnittlauch
Salz, Pfeffer aus der Mühle
Paprikapulver edelsüß
ca. 150 g gemischte Sprossen (z. B. Linsen, Rettich, Alfalfa, Kresse – aus ca. 40 g Samen)

1. Die Kartoffeln waschen und in der Schale garen. Dann abdampfen lassen und schälen.
2. Inzwischen die Paprikaschote waschen, vierteln und das Kerngehäuse und die weißen Scheidewände entfernen. Paprika in kleine Würfel schneiden.
3. Den Quark mit saurer Sahne glattrühren. Paprikawürfel und den gehackten Schnittlauch untermischen. Mit Salz, Pfeffer und Paprikapulver pikant abschmecken.
4. Zuletzt die gut abgetropften Sprossen unter den Quark heben und zu den Pellkartoffeln servieren.

Pro Portion ca. 290 kcal / 1213 kJ

FRISCHKÄSE-KUGELN IM SPROSSEN-MANTEL

100 g eingelegter Schafkäse
200 g Doppelrahmfrischkäse
3–4 EL Sahne
1 Knoblauchzehe
Pfeffer aus der Mühle
je ½ Tasse Kresse-, Rettich- und Senfsprossen (aus je 3 EL Samen)
Salatblätter zum Anrichten

1. Den abgetropften Schafkäse mit einer Gabel zerdrücken und mit dem Frischkäse, der Sahne und dem durchgepreßten Knoblauch vermischen. Mit Pfeffer abschmekken.
3. Mit einem Löffel von der Masse Portionen abstechen und zwischen den Handflächen zu kleinen Kugeln rollen. Diese jeweils in den verschiedenen Sprossen wälzen.
3. Die Käsekugeln auf Salatblättern anrichten. Vollkornbrot oder -brötchen dazu reichen.
Pro Portion ca. 350 kcal / 1464 kJ

TIP Für die Käsekugeln nur das obere Drittel der Kresse verwenden. Senf und Rettich nur ca. 2 Tage keimen lassen.

QUARKAUFLAUF MIT SPROSSEN UND WIRSING

300 g Wirsingblätter
1 Zwiebel
2 EL Butter oder Margarine
je 100 g Roggen- und Kürbissprossen (aus je 60 g Samen)
Salz, Pfeffer aus der Mühle
frischgeriebene Muskatnuß
500 g Magerquark
0,1 l Sahne
3 Eier (getrennt)
100 g geriebener Greyerzer oder mittelalter Gouda
1½ Tassen pikante Sprossen (z. B. Kresse, Alfalfa, Rettich, Senf – aus ca. 2 EL Samen)

1. Die Wirsingblätter waschen und trockentupfen, dicke Rippen herausschneiden und in fingerdicke Streifen schneiden. Die Zwiebel schälen und fein hacken.
2. Vom Fett 1 EL in einem Topf zerlassen und die Zwiebel darin glasig dünsten. Wirsingstreifen zugeben und kurz mitschmoren, bis sie etwas zusammengefallen sind. Nun die gut abgetropften Roggen- und Kürbissprossen unterrühren. Das Gemüse mit Salz, Pfeffer und Muskat abschmecken.
3. Den Quark in einem Sieb oder Tuch gut auspressen. Mit Sahne, Eigelb und zwei Dritteln des Käses verrühren. Die pikanten Sprossen hacken und untermischen.
4. Das Eiweiß mit einer Prise Salz steifschlagen und sorgfältig unter die Quarkmasse heben. Mit Pfeffer und Muskat abschmecken. Backofen auf 200 Grad vorheizen.
5. Eine Auflaufform mit dem restlichen Fett ausstreichen. Die Hälfte der Quarkmasse hineinfüllen, das Sprossengemüse darauf verteilen und mit der restlichen Quarkmasse bedecken. Restlichen Käse darüberstreuen.
6. Auf der unteren Schiebeleiste des Backofens ca. 30 Minuten backen. Eventuell nach der Hälfte der Backzeit mit Alufolie abdecken.
Pro Portion ca. 445 kcal / 1862 kJ

SPROSSEN MIT GETREIDE

Lange Zeit war Getreide ein Stiefkind der modernen Küche. Meist kam es nur in Form von weißem Mehl, Nudeln oder poliertem Reis auf den Tisch. Erst jetzt, im Zuge der Vollwert-Bewegung, entdecken wir wieder, was vollwertiges Getreide zu bieten hat.

Wo Mehl gebraucht wird, muß es ja nicht immer Weißmehl sein. Warum nicht einmal Vollkornmehl probieren? Es enthält um ein Vielfaches mehr wertvolle Vitalstoffe und sein kräftiger Geschmack harmoniert ganz ausgezeichnet mit pikanten Zutaten.

In den folgenden Rezepten ist mal weißes Mehl, mal Vollkornmehl angegeben. Die beiden Sorten lassen sich aber stets untereinander austauschen, wenn Sie folgende Grundregel beachten: Teige aus Vollkornmehl brauchen ungefähr ein Viertel mehr Flüssigkeit und etwas längere Ruhezeiten. Damit das Gebäck nicht bröselig wird, soll das Getreide möglichst fein gemahlen sein. Notfalls einen Teil der Kleie aussieben und unter den Belag oder die Füllung mischen. So gehen keine Nährstoffe verloren.

SPROSSEN-QUICHE

Für 1 Springform mit ca. 26 cm Durchmesser
Ergibt ca. 12 Stücke
Teig
200 g Mehl
1 TL Salz
100 g kalte Butter oder Margarine
1 kleines Ei
Butter für die Form
Guß
3 Eier
200 g Sahne oder Crème fraîche
ca. 150 g geriebener Käse (Emmentaler oder Greyerzer, auch gemischt)
Salz, Cayennepfeffer
frischgeriebener Muskatnuß
Belag
200 g gemischte Sprossen (z. B. Linsen, Alfalfa, Rettich, Senf und Sonnenblumen (aus ca. 75 g Samen)
250 g Kirschtomaten

1. Für den Teig Mehl und Salz mischen. Mit kleingeschnittener Butter oder Margarine und dem Ei rasch zu einem glatten Teig verkneten. Zu einer Kugel formen und in Folie wickeln. Mindestens 30 Minuten im Kühlschrank ruhen lassen.
2. Für den Guß die Eier mit der Sahne und dem geriebenen Käse verquirlen. Mit Salz, Cayennepfeffer und Muskatnuß kräftig abschmecken.
3. Etwa ⅔ des Teiges auf einer bemehlten Arbeitsfläche rund ausrollen und den Boden einer gefetteten Springform damit auslegen. Mehrmals mit einer Gabel einstechen. Aus dem restlichen Teig einen ca. 3 cm hohen Rand formen. Backofen auf 200 Grad vorheizen.
4. Die gut abgetropften Sprossen auf dem Teig verteilen. Kirschtomaten halbieren und mit der Schnittfläche nach oben in die Sprossen setzen. Guß nochmal kurz durchrühren und über die Sprossen verteilen.
5. Die Quiche auf der Mittelschiene im Backofen 30–40 Minuten backen, bis die Eiersahne fest und die Oberfläche goldgelb ist. Kurz abkühlen lassen und dann vorsichtig aus der Form lösen. Warm servieren.

Pro Stück ca. 265 kcal / 1109 kJ

»HIRSOTTO« MIT ERBSEN-SPROSSEN

200 g Hirse
2 Zwiebeln
1 Knoblauchzehe
4 EL Olivenöl
knapp ¾ l Gemüsebrühe
1 Bund Möhren
1 Bund Frühlingszwiebeln
ca. 200 g Erbsensprossen (aus ca. 100 g Samen)
50 g Pinienkerne
50 g frischgeriebener Parmesan
2–3 EL Senfsprossen (aus ca. 1 TL Samen)
Salz, Pfeffer aus der Mühle

1. Die Hirse waschen und gut abtropfen lassen. Zwiebeln und Knoblauch schälen und hacken. Im erhitzten Olivenöl bei mittlerer Hitze glasig dünsten. Dann die Hirse untermischen und rühren, bis alle Körnchen mit Öl überzogen sind.
2. Nun nach und nach die Brühe angießen und die Hirse zugedeckt bei geringer Hitze 30–40 Minuten ausquellen lassen. Dabei immer nur soviel Brühe zugeben, daß die Hirse gerade bedeckt ist. Gelegentlich vorsichtig umrühren.
3. Inzwischen die Möhren waschen, schälen und in sehr feine Scheiben schneiden oder hobeln. Nach 15 Minuten unter die Hirse mischen und mitgaren.
4. Die Frühlingszwiebeln waschen, putzen und in Ringe schneiden. Mit den gut abgetropften Erbsensprossen ca. 10 Minuten vor Ende der Garzeit untermischen.
5. Die Pinienkerne in einer beschichteten Pfanne ohne Fettzugabe goldgelb rösten. Auf einem Teller abkühlen lassen. Zuletzt Parmesan und Senfsprossen unter das »Hirsotto« mischen und mit Salz und Pfeffer abschmecken. Mit Pinienkernen bestreut servieren.

Pro Portion ca. 510 kcal / 2134 kJ

ITALIA

MAULTASCHEN

Nudelteig
300 g sehr fein gemahlenes Weizenvollkornmehl
½ TL Salz
1–2 Eier
ca. 0,1 l lauwarmes Wasser
2 EL Keimöl
Mehl zum Ausrollen
Füllung
1 Zwiebel
1–2 Stangen Bleichsellerie
1–2 EL Butter
je 2 Tassen Kresse und Alfalfagrün (aus je 2 EL Samen)
1 Tasse Rettich- oder Senfsprossen (aus 1 EL Samen)
100 g Mascarpone oder Doppelrahmfrischkäse
1 Eigelb
Salz, Pfeffer aus der Mühle
frischgeriebene Muskatnuß
evtl. 1–2 EL Semmelbrösel
Butter und geriebener Parmesan zum Servieren

1. Von der Hälfte des Mehls die Kleie aussieben, damit sich der Teig später dünn ausrollen läßt. Mehl und Salz mischen und mit Eiern, Wasser und Öl zu einem elastischen, glatten Teig verkneten. In Klarsichtfolie wickeln und bei Zimmertemperatur mindestens 1 Stunde ruhen lassen.
2. Für die Füllung die Zwiebel und den Bleichsellerie schälen bzw. putzen und fein hacken. In der zerlassenen Butter glasig dünsten. Dann die gut abgetropften Sprossen zugeben und kurz mitdünsten. Mascarpone und Eigelb unterrühren und die Masse mit Salz, Pfeffer und Muskatnuß abschmecken. Ist die Füllung zu weich, noch Semmelbrösel zugeben. Abkühlen lassen.
3. Die Hälfte des Teiges auf einer mit Mehl bestreuten Arbeitsplatte dünn ausrollen. In gleichmäßigen Abständen von ca. 10 cm je 1 EL Füllung darauf setzen. Die Zwischenräume mit kaltem Wasser bepinseln. Restlichen Teig zur gleichen Größe ausrollen und vorsichtig darüberlegen. Zwischenräume gut andrücken und mit einem Teigrädchen Quadrate ausradeln. Kurz antrocknen lassen.
4. In einem großen Topf reichlich Salzwasser zum Kochen bringen. Die Maultaschen (evtl. portionsweise) 8–10 Minuten darin garen. Mit einem Schaumlöffel herausnehmen und abtropfen lassen. Die Maultaschen entweder in Butter kurz anrösten oder mit zerlassener Butter übergießen und mit Parmesan bestreuen.
Pro Portion ca. 600 kcal / 2510 kJ

POLENTA MIT ALFALFAGRÜN UND KÄSE

0,5 l Gemüsebrühe
0,5 l Milch oder Sahne
250 g Maisgrieß
2 Tassen Alfalfagrün (aus ca. 2 EL Samen)
50 g geriebener Pecorino oder Parmesan
frischgeriebene Muskatnuß
schwarzer Pfeffer aus der Mühle
2 EL Butter

1. Die Gemüsebrühe und Milch oder Sahne aufkochen. Maisgrieß unter Rühren einstreuen. Sobald der Brei dick wird, vom Herd nehmen und die Polenta noch etwa 20 Minuten zugedeckt ausquellen lassen.
2. Das Alfalfagrün und den Käse untermischen. Mit Muskat und Pfeffer abschmecken.
3. Polenta in eine flache Form füllen und vollständig abkühlen lassen. Sie wird dabei fest. Anschließend beliebige Formen ausstechen oder Stücke abschneiden (z. B. Dreiecke).
4. Die Butter in einer Pfanne zerlassen und die Polentaschnitten von beiden Seiten leicht bräunen.
Pro Portion ca. 425 kcal / 1778 kJ

ROGGENSPÄTZLE MIT SPROSSEN-GEMÜSE

150 g Roggenmehl
Salz
3 Eier
evtl. etwas Milch
3 EL Butter
1–2 Rote Bete
1 Stück Knollensellerie (ca. 200 g)
1 Stange Lauch
ca. 180 g Linsensprossen (aus ca. 50 g Samen)
Pfeffer aus der Mühle
1 Bund Petersilie
150 g geriebener Emmentaler Käse
Butter für die Form

1. Für den Spätzleteig Roggenmehl mit Salz und Eiern verquirlen. Zugedeckt ca. 30 Minuten ruhen lassen. Ist der Teig zu fest, noch etwas Milch unterrühren.
2. In einem großen Topf reichlich Salzwasser aufkochen. Spätzle portionsweise von einem Brett ins kochende Wasser schaben oder mit einem Spätzlehobel hineindrükken. Die Spätzle sind gar, wenn sie an die Oberfläche steigen. Fertige Spätzle mit einem Schaumlöffel herausnehmen und abtropfen lassen. In einer Schüssel mit etwas Butter vermischen und warmstellen.
3. Rote Bete, Sellerie und Lauch waschen und putzen. Dann in dünne Streifen schneiden. Restliche Butter zerlassen und das Gemüse darin ca. 5 Minuten dünsten. Die gut abgetropften Sprossen unterheben und die Gemüsemischung mit Salz, Pfeffer und feingehackter Petersilie abschmecken. Backofen auf 200 Grad vorheizen.
4. Eine Auflaufform mit Butter auspinseln. Dann lagenweise Spätzle, Käse und Gemüse einschichten. Mit Käse abschließen. Auf der unteren Schiene im Backofen 20–30 Minuten überbacken.
Pro Portion ca. 475 kcal / 1987 kJ

CALZONE

Teig
½ Würfel Hefe (ca. 20 g)
ca. ⅛ l lauwarmes Wasser
300 g Mehl
½ TL Salz
3–4 EL Olivenöl
Mehl zum Ausrollen
Belag
1 große Dose geschälte Tomaten (400 g)
1 Zwiebel
1 Knoblauchzehe
1 Chilischote
Salz, Pfeffer aus der Mühle
gerebeltes Basilikum und Oregano
ca. 200 g Mungo- oder Adukibohnensprossen (aus ca. 50 g Samen)
50 g Sonneblumensprossen (aus ca. 3 EL Samen)
150 g gekochter Schinken (in Scheiben)
2 Kugeln Mozzarella (à 150 g)

1. Die Hefe zerbröckeln und mit einem Teil des lauwarmen Wassers glattrühren. Mit Mehl, Salz und Olivenöl zu einem glatten Teig verkneten. Nur soviel Wasser zugeben, bis der Teig elastisch, aber nicht weich ist. Dann in einer Schüssel, mit einem Küchentuch bedeckt, an einem warmen Ort gehen lassen, bis sich das Teigvolumen verdoppelt hat.
2. Für den Belag die Tomaten in ein Sieb abgießen und gut abtropfen lassen. Zwiebel und Knoblauchzehe schälen und in feine Ringe bzw. Scheibchen schneiden. Chilischote längs halbieren, Kerne herausnehmen und in feine Streifen schneiden.
3. Den aufgegangenen Teig nochmal kurz durchkneten und dann in vier Portionen teilen. Jeden Teil auf einer bemehlten Arbeitsfläche rund ausrollen. Backofen auf 225 Grad vorheizen.
4. Je zur Hälfte mit Tomaten, Zwiebel, Knoblauch und Chilischote belegen, mit Salz, Pfeffer, Basilikum und Oregano würzen. Dabei einen Rand von ca. 2 cm freilassen.
5. Die Sprossen auf den Tomaten verteilen und mit Schinken und Mozzarellascheiben belegen.
6. Die freie Teighälfte über die Füllung klappen. Ränder gut festdrücken. Auf ein geöltes Backblech legen. Auf der Mittelschiene im Backofen ca. 30 Minuten bakken.
Pro Portion ca. 650 kcal / 2720 kJ

LASAGNE MIT SPINAT UND LINSENSPROSSEN

1 Rezept Nudelteig (siehe Maultaschen, Seite 53)
300 g frischer oder tiefgekühlter Blattspinat
1 Zwiebel
1 Knoblauchzehe
1 EL Öl
Salz, Pfeffer aus der Mühle
frischgeriebene Muskatnuß
1–2 Fleischtomaten
100 g Crème fraîche
1 Ei
75 g geriebener Greyerzer oder Appenzeller Käse
ca. 120 g Linsensprossen (aus ca. 40 g Samen)
Butter für die Form und für Flöckchen

1. Den Teig zubereiten und ruhen lassen.
2. Den Spinat waschen, putzen und gut abtropfen lassen. Oder tiefgekühlten Spinat auftauen. Die Zwiebel und den Knoblauch schälen, fein hacken und im erhitzten Öl glasig dünsten. Spinat zugeben und zusammenfallen lassen. Mit Salz, Pfeffer und Muskat abschmecken. Abkühlen lassen.
3. Die Tomaten oben einritzen, kurz in kochendes Wasser tauchen, häuten, quer halbieren und entkernen. Das Fruchtfleisch in kleine Würfel schneiden.
4. Crème fraîche, Ei und geriebenen Käse vermischen und mit Salz und Pfeffer abschmecken. Die gut abgetropften Linsensprossen unterziehen. Backofen auf 200 Grad vorheizen.
5. Eine rechteckige Auflaufform einfetten. Den Teig auf einer mit Mehl bestreuten Arbeitsfläche dünn ausrollen. 4 Rechtecke in Größe der Form ausschneiden. Eine Lage Teig in die Form legen und mit der Hälfte des Spinats bedecken. Die Hälfte der Tomatenwürfel darüberstreuen. Eine Lage Teig und die Hälfte der Sprossensauce darüberschichten. So weitermachen, bis alle Zutaten aufgebraucht sind. Die oberste Lage soll eine Teigplatte sein.
6. Die Oberfläche mit Butterflokken bestreuen und die Lasagne auf der mittleren Schiene des Backofens ca. 30 Minuten backen.

Pro Portion ca. 620 kcal / 2594 kJ

DINKELBRATLINGE MIT SPROSSENFÜLLUNG

200 g grob geschroteter Dinkel
1 EL Gemüsebrühepulver
1 Zwiebel
1 Knoblauchzehe
1 EL Pflanzenöl
1 Ei
50 g geriebener Parmesan oder Greyerzer
1 Bund Petersilie
2–5 EL Brotbrösel
Salz, Pfeffer aus der Mühle
1 Tasse gemischte, pikante Sprossen (z. B. Alfalfa, Rettich, Senf, Kresse – aus 1 EL Samen)
Fett zum Braten

1. Den geschroteten Dinkel mit ½ l Wasser bedecken und 2–3 Stunden stehen lassen. Dann im Einweichwasser aufkochen. Instant-Brühe untermischen und ca. 5 Minuten bei geringer Hitze zugedeckt köcheln lassen. Dann vom Herd nehmen und den Dinkel noch ca. 30 Minuten ausquellen lassen.
2. Die Zwiebel und den Knoblauch fein hacken und in erhitztem Öl glasig dünsten. Zusammen mit dem Ei, Käse und der feingehackten Petersilie unter den ausgequollenen Dinkel mischen. Soviel Brotbrösel untermischen, bis die Masse formbar ist, dann abschmecken.

3. Aus der Masse ca. 12 Kugeln formen, flachdrücken und in die Mitte je 1–2 TL Sprossen geben. Den Teig über den Sprossen wieder zusammendrücken, so daß wieder eine Kugel entsteht. Nochmals flachdrücken.
4. Fett in einer Pfanne erhitzen und die Pflanzerl auf beiden Seiten ca. 5 Minuten braten. Als Beilage Gemüse (z. B. Ratatouille) oder Kartoffelsalat reichen.
Pro Portion ca. 375 kcal / 1569 kJ

TIP Statt Dinkel können Sie auch Weizen oder Grünkern verwenden.
Dinkel ist übrigens die Wildform des Weizens. Grünkern ist der unreif geerntete Dinkel, der anschließend gedarrt wird. Er hat einen besonders feinen, nußartigen Geschmack.

PIROGGEN MIT RETTICHSPROSSEN

Ergibt ca. 12 Stück
Teig
250 g Quark (20%)
350 g fein gemahlenes Roggenvollkornmehl
1 TL Salz
1 Ei
100 g kalte Butter oder Margarine
Fett für das Backblech
Füllung
1 Zwiebel
1 Knoblauchzehe
1 EL Butter oder Margarine
300 g Sauerkraut
2 Tassen Rettichsprossen (aus 2 EL Samen)
100 g Crème fraîche
Salz, Pfeffer aus der Mühle
Paprikapulver edelsüß

1. Für den Teig den Quark in einem Sieb oder Tuch gut auspressen. Mehl und Salz mischen. Eine Mulde eindrücken und das Ei hineinschlagen. Das Fett in Stückchen schneiden und darum herum verteilen. Alles rasch mit dem Quark zu einem glatten Teig verkneten. In Klarsichtfolie wickeln und im Kühlschrank ca. 1 Stunde ruhen lassen.
2. Für die Füllung Zwiebel und Knoblauch schälen und fein hakken. In der erhitzten Butter oder Margarine glasig dünsten. Das Sauerkraut zugeben und kurz mitdünsten. Die gut abgetropften Sprossen und Crème fraîche unterrühren und die Füllung, nach Geschmack, mit Salz, Pfeffer und Paprika abschmecken. Abkühlen lassen. Den Backofen auf 200 Grad vorheizen.
3. Den Teig auf einer mit Mehl bestreuten Arbeitsfläche ca. 3 mm dick ausrollen. Ca. 12 Kreise von ca. 12 cm Durchmesser ausstechen. Je einen gehäuften Eßlöffel Füllung daraufgeben. Teigränder mit kaltem Wasser bestreichen und zu Halbkreisen zusammenklappen. Die Ränder mit einer Gabel gut andrücken.
4. Ein Backblech fetten oder mit Backpapier auslegen. Die Piroggen darauf setzen und im Backofen auf der mittleren Schiene ca. 15–20 Minuten backen.
Pro Stück ca. 240 kcal / 1004 kJ

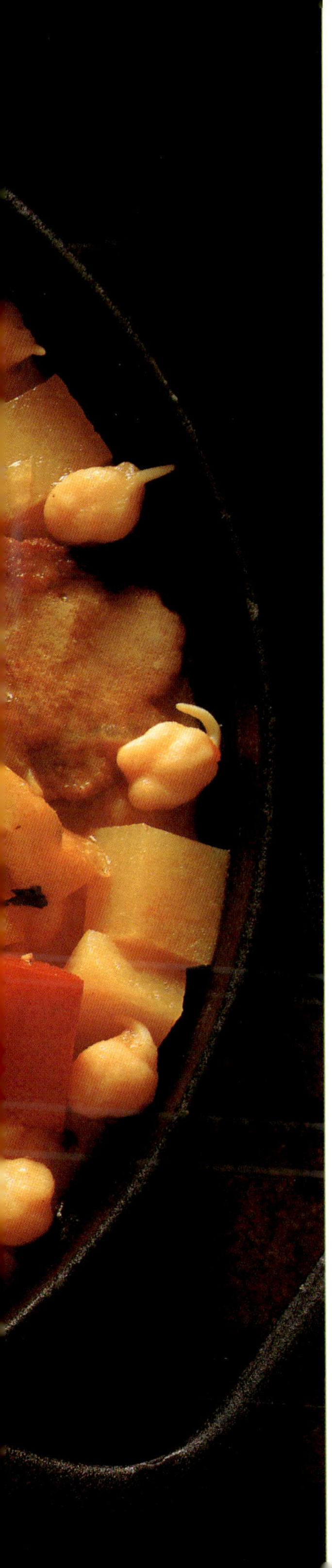

SPROSSEN MIT FLEISCH, FISCH UND MEERESFRÜCHTEN

In den meisten Sprossenbüchern wird dieses Kapitel ausgespart; sie enthalten nur rein vegetarische Rezepte. Aber Sprossen sind nicht nur überzeugten »Alternativköstlern« vorbehalten. Man braucht schließlich nicht gleich strenger Vegetarier zu werden, wenn man sich gesund ernähren will. Zwar ist Fleisch für eine vollwertige Ernährung nicht unbedingt notwendig, es stellt jedoch – in Maßen genossen – eine wertvolle Ergänzung dar. In unserem Buch, selbst in diesem Kapitel, spielt Fleisch ohnehin eher eine Nebenrolle. Über den gesundheitlichen Wert von Fisch und Meeresfrüchten sind sich auch die Fachleute einig: Seefisch ist unsere wichtigste Jodquelle und kaum ein anderes Lebensmittel liefert so hochwertiges und dabei leicht verdauliches Eiweiß.

LAMMEINTOPF MIT KICHERERBSENSPROSSEN

3–4 Fleischtomaten
2–3 mehlig kochende Kartoffeln
3–4 rote und gelbe Paprikaschoten
2 Zwiebeln
2 Knoblauchzehen
500 g mageres Lammfleisch
1–2 EL Olivenöl
¼ l Gemüsebrühe
1 Lorbeerblatt
je 1 TL gemahlener Koriander und Currypulver
ca. 200 g Kichererbsensprossen (aus ca. 100 g Samen)
1 Bund Minze
150 g Crème fraîche
Saft von ½ Zitrone
Salz

1. Die Tomaten an der Oberseite einritzen, kurz in kochendes Wasser tauchen und häuten. Quer halbieren und entkernen, das Fruchtfleisch in Würfel schneiden. Kartoffeln schälen und würfeln.
2. Die Paprikaschoten waschen, vierteln und das Kerngehäuse entfernen. In mundgerechte Stücke schneiden. Zwiebeln und Knoblauch schälen und fein hacken.
3. Das Lammfleisch in ca. 2 cm große Würfel schneiden und in dem erhitzten Öl in einem Schmortopf scharf anbraten.
4. Zwiebeln, Knoblauch und Paprikastücke hinzufügen und bei mittlerer Hitze ca. 5 Minuten mitbraten.
5. Die Gemüsebrühe angießen, Lorbeerblatt, Koriander und Curry zugeben. Die Tomaten, Kartoffeln und Kichererbsensprossen untermischen und zugedeckt bei schwacher Hitze ca. 30 Minuten köcheln lassen.
6. Von der Minze die Blättchen abzupfen und in feine Streifen schneiden. Minze und Crème fraîche unter den Eintopf mischen. Zuletzt mit Zitronensaft, Salz, Curry und Koriander pikant abschmecken.

Pro Portion ca. 655 kcal / 2741 kJ

RISOTTO MIT MEERESFRÜCHTEN

1 Zwiebel
1 Knoblauchzehe
4 EL Olivenöl
150 g Tintenfisch (gesäubert)
150 g Risotto-Reis
50 g Wildreis
1 Lorbeerblatt
⅛ l trockener Weißwein
½ l Fischfond (aus dem Glas), ersatzweise Gemüse- oder Hühnerbrühe
2 Fleischtomaten
2–3 Jakobsmuscheln
100 g Shrimps
1–2 EL Butter
1 Bund Basilikum
2 Tassen Alfalfagrün (aus ca. 2 EL Samen)
Salz, Pfeffer aus der Mühle

1. Die Zwiebel und den Knoblauch schälen und in erhitztem Olivenöl glasig dünsten. Tintenfisch in feine Ringe schneiden und ebenfalls ca. 5 Minuten andünsten.
2. Den Risotto- und Wildreis zufügen und rühren, bis alle Körner mit einem Ölfilm überzogen sind. Das Lorbeerblatt zugeben und nach und nach Wein und Fischfond zugießen. Insgesamt ca. 30 Minuten bei geringer Hitze ausquellen lassen. Dabei immer nur soviel Flüssigkeit zugeben, daß der Reis gerade bedeckt ist.
3. Inzwischen die Tomaten oben kreuzweise einritzen und kurz in kochendes Wasser tauchen. Häuten, quer halbieren und entkernen. Das Fruchtfleisch in Würfel schneiden und 5 Minuten vor Ende der Garzeit unter den Risotto mischen.
4. Die Muscheln in dicke Scheiben schneiden. Zusammen mit den Shrimps in der zerlassenen Butter erhitzen.
5. Vom Basilikum die Blätter abzupfen und in feine Streifen schneiden. Zusammen mit Muscheln, Shrimps und Alfalfagrün unter den Risotto mischen. Mit Salz und Pfeffer abschmecken.

Pro Portion ca. 490 kcal / 2050 kJ

MATJESTATAR MIT SENF-SPROSSEN

4 Matjesfilets
2 hartgekochte Eier
2–3 Schalotten
1 kleiner säuerlicher Apfel
2 EL kleine Kapern (ersatzweise 1 Gewürzgurke, feingehackt)
3 EL Senfsprossen (ca. 2 Tage gekeimt, aus 1 TL Samen)
2–3 EL Crème double
1 Bund Dill
schwarzer Pfeffer aus der Mühle
2 Tassen Kresse oder Alfalfagrün (aus 1 TL Samen)

1. Die Matjesfilets 2–3 Stunden wässern (besonders milde Filets brauchen nicht unbedingt gewässert werden). Dann mit Küchenkrepp trockentupfen und mit einem scharfen Messer fein hacken.
2. Die Eier pellen und fein hakken, Schalotten schälen und ebenfalls hacken. Den Apfel waschen, vierteln und das Kerngehäuse herausschneiden. In feine Würfel schneiden oder grob raspeln.
3. Alles mit Kapern, Senfsprossen, Crème double und dem feingehackten Dill vermischen. Mit schwarzem Pfeffer abschmecken. Das Tatar im Kühlschrank mindestens 30 Minuten durchziehen lassen. Dann auf Kresse oder Alfalfagrün anrichten.

Pro Portion ca. 355 kcal / 1485 kJ

SÜSS-SAURES GARNELEN-RAGOUT MIT LINSEN-SPROSSEN

1/4 l Fischfond (aus dem Glas)
0,2 l Sahne
0,1 l trockener Sherry
1 EL Sherry-Essig
1 kleine Ananas (ca. 500 g) oder 1 kleine Dose Ananasscheiben (280 g Abtropfgewicht)
1–2 TL frischgeriebener Ingwer
2 TL Currypulver
250 g Grönlandgarnelen
ca. 150 g Linsensprossen (aus ca. 60 g Linsen)
1 EL Bockshornkleesprossen (ersatzweise 2 EL Senfsprossen)
1–2 TL Speisestärke
Salz, Pfeffer aus der Mühle

1. Den Fischfond mit der Sahne, dem Sherry und Essig aufkochen und um etwa ein Drittel einkochen lassen.
2. Inzwischen Ananas in Scheiben schneiden. Die Schale und das holzige Innenstück entfernen. Das Fruchtfleisch in feine Streifen schneiden. Oder Ananasscheiben aus der Dose abtropfen lassen und ebenfalls in Streifen schneiden.
3. Ingwer und Currypulver unter die reduzierte Sauce rühren. Ananas, Garnelen und die gut abgetropften Sprossen untermischen und in der Sauce erwärmen.
4. Die Speisestärke mit etwas kaltem Wasser glattrühren und das Ragout damit binden. Nochmal kurz aufkochen, dann mit Salz und Pfeffer abschmecken. Mit Reis servieren.

Pro Portion ca. 325 kcal / 1360 kJ

THUNFISCH-SALAT MIT MUNGOBOHNEN-SPROSSEN

150 g Prinzeßbohnen
Salz
200 g kleine Tomaten
2–3 Schalotten
6–8 Sardellenfilets
1 Dose Thunfisch naturell
100 g Mungobohnensprossen (aus 2 EL Samen)
Marinade
3 EL Rotweinessig
1 TL scharfer Senf
5 EL Olivenöl
Pfeffer aus der Mühle
1 Zweig Bohnenkraut oder Thymian

1. Die Bohnen putzen, waschen und, falls nötig, entfädeln. In einem großen Topf reichlich Salzwasser zum Kochen bringen. Die Bohnen darin 6 bis 8 Minuten blanchieren. Sie sollen gar, aber noch knackig sein. Dann mit eiskaltem Wasser abschrecken. Gut abtropfen lassen.
2. Die Tomaten waschen und vierteln, dabei die Stielansätze entfernen. Schalotten schälen und in feine Ringe schneiden. Die Sardellenfilets mit kaltem Wasser abspülen und mit Küchenkrepp trockentupfen. Den Thunfisch abtropfen lassen und in Stücke teilen.
3. Bohnen, Tomaten, Schalotten, Sardellenfilets, Thunfisch und die gut abgetropften Sprossen in einer großen Schüssel mischen.
4. Für die Marinade Essig mit Senf, Öl, Salz, Pfeffer und Bohnenkraut oder Thymian verrühren. Über den Salat gießen und locker untermischen. Vor dem Servieren etwas durchziehen lassen.

Pro Portion ca. 200 kcal / 837 kJ

GEFÜLLTE LACHSFORELLE

1 lange Stange Lauch
1–2 EL Butter oder Margarine
150 g Ricotta oder Doppelrahmfrischkäse
150 g geschälte Nordseekrabben
1–2 EL Semmelbrösel
1 Tasse Kresse (aus 1 EL Samen)
2 EL Senfsprossen (aus 1 TL Samen)
1 Bund Dill
Saft und abgeriebene Schale von ½ unbehandelten Zitrone
Salz, Pfeffer aus der Mühle
1 Lachsforelle, ca. 1,2 kg (ohne Kopf und entgrätet)
⅛ l trockener Weißwein
Fett für die Form

1. Vom Lauch einige lange Blätter einzeln ablösen. In kochendem Salzwasser ca. 3 Minuten blanchieren. Kalt abschrecken und gut abtropfen lassen.
2. Den restlichen Lauch waschen, putzen und in sehr feine Ringe schneiden. In erhitztem Fett bei mittlerer Hitze ca. 5 Minuten andünsten. Etwas abkühlen lassen.
3. Den Ricotta oder Frischkäse mit den Lauchringen, Krabben, Bröseln, Kresse, Senfsprossen und feingehacktem Dill vermischen. Mit wenig Zitronensaft und -schale, Salz und Pfeffer abschmecken. Backofen auf 175 Grad vorheizen.
4. Die Lachsforelle waschen und mit Küchenkrepp trockentupfen. Innen und außen mit Zitronensaft beträufeln, salzen und pfeffern. Dann den Fisch mit der Mischung füllen. Die blanchierten Lauchstreifen im Abstand von ca. 5 Zentimetern quer um den Fisch legen und verknoten.
5. Eine ovale feuerfeste Form ausfetten und den Fisch hineinlegen. Den Wein zugießen. Im unteren Drittel des Backofens 30–40 Minuten backen. Eventuell nach ca. 20 Minuten mit gefettetem Butterbrotpapier abdecken. Zum Servieren in Scheiben schneiden.

Pro Portion ca. 470 kcal / 1966 kJ

FISCHSUPPE MIT LACHS UND ALFALFA

1 kg Kochfische (mit Köpfen)
1 Stange Lauch
3 Möhren
1 Fenchelknolle
1 Stück Sellerieknolle (ca. 200 g)
1 Petersilienwurzel
2 EL Olivenöl
1/4 l Weißwein
Salz, Pfeffer aus der Mühle
2 kleine Zucchini
200 g Lachsfilet
1 Bund Dill
2 Tassen Alfalfagrün (aus 2 EL Samen)

1. Die Kochfische ausnehmen, waschen und in Stücke schneiden. Das Suppengemüse waschen, putzen und grob zerkleinern.
2. Das Olivenöl in einem großen Topf erhitzen. Die Fischstücke darin andünsten. Gemüse hinzufügen und ebenfalls ca. 5 Minuten dünsten.
3. Den Wein und 3/4 l Wasser zugießen, salzen und pfeffern. Ca. 1 Stunde bei geringer Hitze köcheln lassen. Die Brühe zuerst durch ein normales Sieb schütten, dann noch einmal durch ein Haarsieb oder ein mit Mull ausgelegtes normales Sieb gießen.
4. Die Zucchini waschen und putzen, zuerst in Scheiben, dann in feine Streifen oder Würfel schneiden. Den Lachs ebenfalls in feine Streifen schneiden.
5. Die gesiebte Fischbrühe wieder aufkochen. Zucchini und Lachs zugeben und ca. 5 Minuten darin garziehen lassen.
6. Zuletzt den feingehackten Dill mit dem Alfalfagrün untermischen. Die Suppe, falls nötig, nochmals mit Salz und Pfeffer abschmecken.

Pro Portion ca. 245 kcal / 1025 kJ

PUTENROLLBRATEN MIT SPROSSENFÜLLUNG

500 g Putenbrust oder -rollbraten
Salz, Pfeffer aus der Mühle
2 EL Öl
Füllung
500 g Champignons
1 Zwiebel
1 Knoblauchzehe
1 EL Butter oder Margarine
50 g gemahlene Pinien- oder Walnußkerne
1 Tasse Kresse (aus 1 EL Samen)
1 Tasse Alfalfagrün (aus 1 EL Samen)
2–3 EL Senfsprossen (aus 1 TL Samen)
4–5 EL Rettichsprossen (aus 2 TL Samen)
1–2 EL Semmelbrösel
1 Bund Petersilie
Saft von 1/2 Zitrone

1. Die Putenbrust waagerecht durchschneiden, so daß das Stück an einer Seite noch zusammenhängt. Oder Rollbraten aufschneiden und aufrollen. Das Fleisch vorsichtig flachklopfen und salzen und pfeffern.
2. Für die Füllung die Champignons putzen, nur falls nötig, waschen und blättrig schneiden. Zwiebel und Knoblauch schälen, fein hacken und in der erhitzten Butter oder Margarine glasig dünsten.
3. Die Pinien- oder Walnußkerne, die gut abgetropften Sprossen, Semmelbrösel und feingehackte Petersilie unterrühren. Die Masse mit Salz, Pfeffer und Zitronensaft abschmecken. Backofen auf 180 Grad vorheizen.
4. Das Putenfleisch mit der Sprossenmasse bestreichen, aufrollen und wie einen Rollbraten binden. Das Öl in einem Bräter erhitzen und den Braten darin auf dem Herd rundum goldbraun anbraten.
5. Bräter in den Backofen stellen und das Fleisch 20–30 Minuten braten. Anschließend den Backofen ausschalten und den Braten vor dem Aufschneiden noch ca. 10 Minuten ruhen lassen.

Dazu paßt Kartoffelpüree und Erbsengemüse.

Pro Portion ca. 370 kcal / 1548 kJ

ROASTBEEF-RÖLLCHEN

100 g Preiselbeeren
Saft von 1 Zitrone
0,2 l Sahne
½ Tasse Rettichsprossen (aus 3–4 EL Samen – ca. 2 Tage gekeimt)
Salz
300 g rosa gebratenes Roastbeef, in dünnen Scheiben
1 Tasse Kresse (aus 1 EL Samen)

1. Die Preiselbeeren in einem kleinen Topf mit Zitronensaft dünsten und abkühlen lassen.
2. Die gut gekühlte Sahne steif schlagen. Preiselbeeren und Rettichsprossen unterheben. Mit Salz abschmecken.
3. Auf jede Roastbeefscheibe 1 EL Füllung geben. Aufrollen und auf Kresse anrichten.
Ergibt ca. 12 Röllchen à ca. 120 kcal / 502 kJ

SCHWEINEGE-SCHNETZELTES CHINESISCHE ART

25 g getrocknete Mu-Err-Pilze
2–3 mittelgroße Möhren
200 g Spinat oder Blattmangold
1 Bund Lauchzwiebeln
1 Schweinefilet (ca. 350 g)
3–4 EL Erdnußöl
⅛ l Fleischbrühe (Instant)
ca. 150 g Mungobohnenkeimlinge (aus ca. 50 g Samen)
2–3 EL Sojasauce
1 Spritzer Tabasco
Salz, Pfeffer aus der Mühle
1 TL Speisestärke
1 Bund Petersilie

1. Die Pilze in reichlich lauwarmem Wasser 3–4 Stunden quellen lassen. Dann gründlich säubern und in feine Streifen schneiden.
2. Die Gemüse waschen und putzen. Möhren in feine Stifte, Spinat oder Blattmangold in Streifen und Lauchzwiebeln in feine Ringe schneiden.
3. Das Fleisch zuerst in dünne Scheiben und dann in schmale Streifen schneiden. Die Häfte des Öls in einer großen Pfanne erhitzen. Das Fleisch darin von allen Seiten goldbraun braten. Herausnehmen und warmstellen.
4. Restliches Öl in die Pfanne geben und erhitzen. Zuerst die Möhren ca. 5 Minuten darin dünsten, dann Spinat oder Blattmangold, Pilze und Lauchzwiebeln untermischen und weitere 3 Minuten dünsten. Die Brühe zugießen; zuletzt die Mungobohnenkeimlinge zufügen und nur kurz miterhitzen.
5. Das Fleisch zurück in die Pfanne geben und alles mit Sojasauce, wenig Tabasco, Salz und Pfeffer abschmecken. Die Speisestärke mit etwas kaltem Wasser glattrühren und die Sauce damit binden. Zum Schluß die feingehackte Petersilie untermischen. Mit Reis servieren.
Pro Portion ca. 295 kcal / 1234 kJ

HÜHNCHEN-CURRY

0,3 l Kokosmilch
2–3 ausgelöste Hühnerbrüstchen
100 g Cashewkerne oder abgezogene Mandeln
ca. 150 g Adukibohnensprossen (aus ca. 50 g Bohnen)
Salz
½ Bund Koriandergrün (ersatzweise Petersilie)
Würzpaste
6 Schalotten
6 Knoblauchzehen
3 Chilischoten
1 Nelke
1 EL Mohnsamen
je ¼ TL gemahlener Zimt, Kardamom, Koriander, Kreuzkümmel, Kurkuma (Gelbwurz)
2 TL frischgeriebener Ingwer
1–2 EL Bockshornkleesprossen (aus ½ TL Samen)

1. Die Kokosmilch in einer großen Pfanne oder einem Topf aufkochen. Die Hühnerbrüstchen in mundgerechte Stücke schneiden und zur Kokosmilch geben. Bei geringer Hitze ca. 15 Minuten köcheln lassen, dabei öfter umrühren.
2. Inzwischen für die Würzpaste Schalotten und Knoblauch schälen und grob hacken. Chilischoten waschen, Kerne entfernen und in Ringe schneiden. Mit den restlichen Zutaten im Mixer pürieren.
3. Die Würzpaste unter die Kokosmilch rühren. Cashewkerne oder Mandeln zugeben und alles nochmals ca. 10 Minuten ziehen lassen.
4. Zuletzt die gut abgetropften Adukibohnensprossen zugeben und kurz miterhitzen. Das Hühnchencurry mit Salz abschmecken und mit den Korianderblättchen bestreuen. Mit Reis servieren.

Pro Portion ca. 405 kcal / 1695 kJ

TIP

Kokosmilch bekommt man in asiatischen Läden oder in Feinkostgeschäften. Bitte darauf achten, daß sie ungesüßt ist. Man kann sie aber auch selbst herstellen: Ca. 300 g Fruchtfleisch einer frischen Kokosnuß reiben. Dann mit 0,3 l kochendem Wasser übergießen und kurz stehen lassen. Zuletzt durch ein mit einem Tuch ausgelegtes Sieb gießen und gut ausdrükken.

LEBER MIT APFELGEMÜSE UND RETTICH-SPROSSEN

1 Zwiebel
2–3 säuerliche Äpfel
4 EL Butter oder Margarine
0,1 l Weißwein
½ Tasse Rettichsprossen (aus 1 EL Samen)
Salz, Pfeffer aus der Mühle
4 Scheiben Kalbsleber (à ca. 125 g)

1. Die Zwiebel schälen und in kleine Würfel schneiden. Äpfel vierteln, das Kerngehäuse entfernen und ebenfalls würfeln.
2. Von der Butter oder Margarine 2 El in einer Pfanne erhitzen und die Zwiebeln darin glasig dünsten. Äpfel zugeben und ebenfalls kurz andünsten.
3. Dann mit Weißwein ablöschen. Ohne Deckel köcheln lassen, bis der Wein fast vollständig verdampft ist. Zuletzt die Rettichsprossen untermischen und das Apfelgemüse mit Salz und Pfeffer abschmecken.
4. Die Leber waschen und mit Küchenkrepp trockentupfen und pfeffern. Dann in der restlichen erhitzten Butter oder Margarine auf beiden Seiten je ca. 3 Minuten braten. Leicht salzen und mit dem Apfelgemüse servieren.

Pro Portion ca. 350 kcal / 1464 kJ

SPROSSEN SÜSS

Süßes mit Sprossen? Zugegeben – das klingt zunächst ungewöhnlich. Und Rettich, Senf und Co. haben hier sicherlich nichts zu suchen. Denken wir dagegen an die dezente Süße von gekeimtem Getreide oder an das nußähnliche Aroma von Sprossen aus Lein- und Sesamsamen oder Sonnenblumen- und Kürbiskernen!

Zuerst das Frühstück: Gekeimtes Getreide, kombiniert mit Milchprodukten, natürlich gesüßt durch frische oder getrocknete Früchte, dazu eine Handvoll Nüsse – gesünder und schmackhafter kann man den Tag nicht beginnen. Dabei sollen die folgenden Rezepte nur eine kleine Anregung geben. Denn je nach Geschmack und Jahreszeit wird man immer wieder neu kombinieren. Experimentieren lohnt sich!

Auch der süße Nachtisch muß nicht zur wertlosen Kalorienbombe verkommen. Überlegte Auswahl der Zutaten und ein bißchen Phantasie bei ihrer Zusammenstellung – und schon naschen Süßschnäbel Gesundes. Getreidesprossen und Keimlinge mit nußähnlichem Geschmack intensivieren ihr Aroma, wenn man sie ohne Fett in einer beschichteten Pfanne zart röstet. So werten Sie jedes Dessert auf, sowohl in geschmacklicher als auch in gesundheitlicher Hinsicht.

BIRNENGRATIN MIT ROGGEN-SPROSSEN

100 g Walnuß- oder Haselnußkerne
150 g Crème fraîche oder Crème double
1–2 EL Honig
½ TL Zimt
ca. 75 g Roggensprossen (aus 5 EL Samen)
4 reife Birnen
Saft von ½ Zitrone
Butter für die Form

1. Die Hälfte der Nüsse mahlen oder sehr fein hacken. Mit Crème fraîche oder Crème double, Honig und Zimt verrühren und die gut abgetropften Roggensprossen unterheben.
2. Die Birnen waschen, vierteln und das Kerngehäuse herausschneiden. Birnenviertel in Spalten schneiden und sofort mit Zitronensaft beträufeln, damit sie sich nicht verfärben. Den Backofen auf 200 Grad vorheizen.
3. Eine flache Gratinform ausbuttern. Die Birnenspalten dachziegelartig hineinlegen und die Nußcreme darübergießen. Die restlichen Nüsse grob hacken und darüberstreuen.
4. Das Gratin im Backofen auf der mittleren Schiene ca. 20 Minuten backen. Warm servieren.
Pro Portion ca. 425 kcal / 1778 kJ

FLOCKENMÜSLI MIT SONNEN-BLUMEN-SPROSSEN

50 g Kokosraspel
ca. 500 g Obst der Jahreszeit (z. B. Himbeeren, Kiwi und Banane)
150 g Mehr-Korn-Flocken oder großblättrige Haferflocken
ca. 100 g Sonnenblumensprossen (aus ca. 60 g Samen)
¼ l Vollmilch oder Sahne
Honig nach Belieben

1. Die Kokosraspeln in einer beschichteten Pfanne ohne Fett leicht anrösten. Auf einen Teller schütten und abkühlen lassen.
2. Das Obst waschen, gegebenenfalls schälen und in mundgerechte Stücke teilen.
3. Die Getreide- oder Haferflocken mit Kokosraspel, Obst, Sonnenblumensprossen und Milch oder flüssiger Sahne vermischen. Das Müsli nach Belieben mit etwas Honig süßen.
Pro Portion ca. 350 kcal / 1464 kJ

TIP Statt Kokosraspeln schmekken auch leicht geröstete Sesamsamen oder Sesamsprossen.

SPROSSENMÜSLI

300 g Vollmilchjoghurt
1 EL Honig
1 Msp. Zimt
⅛ l Sahne
2 Bananen
Saft von ½ Zitrone
2 Birnen
200 g Trauben
ca. 100 g Weizensprossen (aus ca. 60 g Samen)
ca. 100 g Hafersprossen (aus ca. 60 g Samen)
ca. 50 g Kürbissprossen (aus ca. 3 EL Samen)

1. Den Joghurt mit Honig und Zimt glattrühren. Sahne halbsteif schlagen und unterheben.
2. Die Bananen schälen und in Scheiben schneiden. Sofort mit etwas Zitronensaft beträufeln.
3. Die Birnen vierteln und das Kerngehäuse herausschneiden. Viertel quer in Scheiben schneiden. Ebenfalls mit Zitronensaft beträufeln.
4. Die Trauben waschen und gut abtropfen lassen. Dann halbieren und entkernen. Obst mit den Sprossen anrichten. Die Joghurt-Sahne-Mischung darübergießen.
Pro Portion ca. 365 kcal / 1527 kJ

TOFUAUFLAUF MIT JOHANNISBEEREN

250 g Johannisbeeren
250 g Tofu
200 g Crème fraîche
Saft und abgeriebene Schale von ½ unbehandelten Zitrone
3 Eier (getrennt)
3 EL Honig oder Ahornsirup
1 Prise Salz
ca. 150 g Gerstensprossen (aus 90 g Samen)
50 g Vollweizengrieß oder Vollkornbrösel
Fett für die Form

1. Die Johannisbeeren waschen, von den Rispen streifen und gut abtropfen lassen.
2. Den Tofu grob zerkleinern und mit der Crème fraîche und dem Zitronensaft im Mixer pürieren. Mit Eigelb, Ahornsirup oder Honig und Zitronenschale verrühren.
3. Das Eiweiß mit Salz steif schlagen. Zusammen mit den Gerstensprossen und dem Grieß oder den Bröseln unter die Tofucreme heben. Den Backofen auf 200 Grad vorheizen.
4. Eine feuerfeste Form ausfetten und die Masse hineinfüllen. Die Johannisbeeren darüberstreuen. Auflauf auf der Mittelschiene im Backofen ca. 40 Minuten backen. Heiß servieren.

Pro Portion ca. 440 kcal / 1841 kJ

BACKOBSTMÜSLI MIT LEINSAMENSPROSSEN

100 g Weizen
100 g gemischtes Backobst
ca. 0,4 l Buttermilch
1 Orange
2 säuerliche Äpfel
ca. 75 g Leinsamensprossen (aus ca. 3 EL Samen)
evtl. 1 EL Honig
50 g gehackte Haselnüsse oder Mandeln

1. Den Weizen grob schroten. Das Backobst in kleine Stücke schneiden. Weizen und Backobst mit der Buttermilch verrühren. Zugedeckt über Nacht im Kühlschrank stehen lassen.
2. Die Orange auspressen, Äpfel mit Schale grob raspeln. Sofort mit dem Orangensaft mischen. Mit den gut abgetropften Leinsamensprossen unter die Buttermilch-Mischung heben. Nach Wunsch mit etwas Honig süßen. Mit den Nüssen bestreut servieren.

Pro Portion ca. 350 kcal / 1464 kJ

WEINSCHAUMCREME MIT GETREIDESPROSSEN

ca. 100 g Getreidesprossen (z. B. Gerste, Hafer oder Weizen – aus ca. 60 g Samen)
50 g gehobelte Haselnüsse
3 Eier (getrennt)
2 EL Zucker
1 Msp. Vanillepulver oder Mark von ½ Vanilleschote
⅛ l trockener Weißwein

1. Die Getreidesprossen mit Küchenkrepp trockentupfen. Mit den Nüssen in einer beschichteten Pfanne ohne Fett goldgelb rösten. Abkühlen lassen.
2. Das Eigelb mit Zucker, Vanillepulver oder -mark und Weißwein im heißen (aber nicht kochenden) Wasserbad zu einer dicken Creme aufschlagen. Die Schüssel dann in kaltes Wasser stellen und weiterschlagen, bis die Creme abgekühlt ist.
3. Das Eiweiß zu steifem Schnee schlagen und vorsichtig unter die Weincreme heben. Auf Portionsschälchen verteilen und mit den gerösteten Nüssen und Sprossen bestreuen.

Pro Portion ca. 235 kcal / 983 kJ

BEEREN-JOGHURT MIT HIRSESPROSSEN

ca. 300 gemischte Beeren (z. B. Himbeeren, Johannisbeeren und Blaubeeren)
500 g Sahnejoghurt (10% Fett)
Saft von ½ Zitrone
1–2 EL Ahornsirup oder Honig
ca. 100 g Hirsesprossen (aus ca. 60 g Samen)
1 Zweig Zitronenmelisse (zum Garnieren)

1. Die Beeren verlesen, waschen und gut abtropfen lassen.
2. Den Joghurt mit Zitronensaft und Ahornsirup oder Honig glattrühren. Die gut abgetropften Hirsesprossen unterheben.
3. Die Beeren auf dem Joghurt anrichten und mit Zitronenmelisse garnieren.

Pro Portion ca. 225 kcal / 941 kJ

TIP Statt mit Hirsesprossen können Sie den Beerenjoghurt auch mit Buchweizen- oder, falls Sie Ihre Verdauung besonders unterstützen wollen, mit Leinsamensprossen zubereiten.

SESAMBANANEN

2 EL Honig
1–2 TL Zitronensaft
1 TL frisch geriebener Ingwer
4 Bananen
1 Tasse Sesamsprossen (aus ca. 100 g Samen)
⅛ l Sahne
1 Päckchen Vanillezucker
50 g gemahlene Pistazien

1. Den Honig mit Zitronensaft in einem kleinen Töpfchen vorsichtig erwärmen, bis er flüssig wird. Ingwer untermischen.
2. Die Bananen schälen und mit dem Honig-Gemisch bepinseln. In den gut abgetropften Sesamsprossen wälzen.
3. Die Sahne mit Vanillezucker halbsteif schlagen und die gemahlenen Pistazien unterheben. Die Sesambananen mit der Pistaziensahne anrichten.

Pro Portion ca. 370 kcal / 1548 kJ

APFELPFANNKUCHEN MIT SESAMSPROSSEN

75 g Mehl, 1 Prise Salz
5 EL zarte Haferflocken
1 Päckchen Vanillezucker
2 Eier (getrennt)
⅛ l Milch
2 kleine säuerliche Äpfel
Saft von ½ Zitrone
2 EL Butter oder Margarine
3–4 EL Sesamsprossen (aus 2 EL Samen)
⅛ l Sahne, ½ TL Zimt

1. Mehl, Salz, Haferflocken, Vanillezucker, Eigelb und Milch verquirlen. Den Teig ca. 15 Minuten ruhen lassen.
2. Inzwischen die Äpfel waschen und das Kerngehäuse ausstechen. In knapp 2 cm dicke Ringe schneiden und mit Zitrone beträufeln.
3. Eiweiß steif schlagen und unter den Teig heben. Fett in einer großen Pfanne (oder zwei kleinen) zerlassen. Teig hineingießen und die Apfelringe darauf verteilen.
4. Bei mittlerer Hitze ca. 5 Minuten backen. Dann mit Sesamsprossen bestreuen und wenden. Auf der anderen Seite nochmal ca. 3 Minuten backen.
5. Inzwischen Sahne mit Zimt steif schlagen. Die Apfelpfannkuchen in vier Teile teilen und sofort mit der Zimtsahne servieren.

Pro Portion ca. 385 kcal / 1611 kJ

REGISTER